J. William Pfeiffer / John E. Jones

Arbeitsmaterial zur Gruppendynamik 5

BC S Burckhardthaus-Verlag, Gelnhausen/Berlin
Christophorus-Verlag, Freiburg i. Br.
Laetare-Verlag, Stein bei Nürnberg

J. William Pfeiffer / John E. Jones

Arbeitsmaterial
zur
Gruppendynamik 5

Die deutsche Ausgabe wurde übersetzt und herausgegeben
von Manfred L. Olesch und Freddy Hansen

Burckhardthaus-Verlag, Gelnhausen/Berlin
Christophorus-Verlag, Freiburg i. Br.
Laetare-Verlag, Stein bei Nürnberg

Reihe BCS, Abteilung Praxisberatung
Herausgegeben von Jürgen Schwarz und Egbert Haug

Die Übersetzung aus dem Amerikanischen und die
verantwortliche Herausgabe der deutschen Ausgabe
besorgten:
Freddy Hansen, Ingenieur M. af I., Kopenhagen
Manfred L. Olesch, Store Lyngby.

Titel der amerikanischen Originalausgaben,
dem der Inhalt dieses Bandes entnommen ist:
Pfeiffer and Jones: A Handbog of Structured Experiences
for Human Relations Training, Volume I, II, III und V.
Copyright 1969–1976 University Associates.
Pfeiffer and Jones: The Annual Handbook for Group Facilitators,
Volumes 1974/1975/1977.
Copyright 1974–1977 University Associates.
Unter jeder einzelnen Übung ist angegeben,
welchem dieser Bücher sie entnommen wurde.

ISBN 3-7664-3056-4 (Burckhardthaus)
ISBN 3-419-53884-7 (Christophorus)
ISBN 3-7839-3009-X (Laetare)
ⓒ 1978 für die deutsche Ausgabe: Teamcos Verlag A/S
    Frederiksborggade 9. DK-1360 Kopenhagen K, Dänemark.

Die deutsche Ausgabe ist eine Lizenzausgabe
Lizenzverlage: Burckhardthaus-Verlag GmbH, Gelnhausen/Berlin
               Christophorus-Verlag Herder GmbH, Freiburg i. Br.
               Laetare-Verlag, Stein/Mfr.

Umschlaggestaltung: Reinhart Braun, Berlin.
Herstellung und Typografie: Manfred L. Olesch, Store Lyngby, Dänemark.
Druck und Verarbeitung:
K. Larsen & Sohn A/S, DK-2860 Söborg, Dänemark.

VORWORT

Dieser fünfte Band der deutschen Ausgabe ist eine Übersetzung strukturierter Erfahrungen aus J. William Pfeiffer und John E. Jones „A Handbook of Structured Experiences for Human Relations Training", Volumes I, II, III und V und „The 1974/1975/1977 Annual Handbook for Group Facilitators". Der sechste und vermutlich letzte Band wird voraussichtlich Anfang 1979 erscheinen.

Auch für diesen fünften Band gelten wie für die bisherigen Bände die seltenen Copyright-Bestimmungen von Teamco/University Associates. Wir bitten unsere Leser, sich diese Bestimmungen aufmerksam durchzulesen:

Es hat uns aufrichtig gefreut zu erfahren, daß andere Verlage jetzt auch angefangen haben, die Copyright-Bestimmungen der UNIVERSITY AS-

SOCIATES als Modell für ihre Copyright-Bestimmungen zu benutzen. Wir hoffen, daß dies dazu beitragen kann, die Entwicklung des Trainings auf dem sozialpsychologischen Gebiet zu begünstigen, und wir glauben auch, daß sich diese Arbeit nach und nach dadurch „entmystifizieren" läßt, daß professionellen Trainern die Möglichkeit gegeben wird, aus der schöpferischen Arbeit und den Erfahrungen ihrer Kollegen direkten praktischen Nutzen zu ziehen.

Schließlich möchten wir an dieser Stelle sowohl allen, die die Herausgabe dieses Bandes möglich gemacht haben (siehe Seite 21—22), als auch Frau Elisabeth Achtnich, die uns bei der Anpassung des Materials an deutsche Verhältnisse eine unschätzbare Hilfe war, unseren wärmsten Dank aussprechen.

Teamcos Forlag A/S, Kopenhagen, Dänemark
März 1978

INHALT

EINFÜHRUNG

von Bengt-Åke Wennberg, Samarbetsdynamik, Göteborg, Schweden

Seit der Gründung der NATIONAL TRAINING LABORATORIES (NTL) im Jahre 1946 hat sich die Anwendung von Übungen, Methoden und Modellen auf dem humanistischen Gebiet fast explosiv entwickelt.

Bereits von Anfang an stellten die NTL die von ihnen gemachten Erfahrungen anderen zur Verfügung. Heute enthalten sozusagen alle Kurse und alle Ausbildungen, die irgendwie mit der Psychologie oder der Soziologie verknüpft sind, Material aus der enormen „Erfahrungsbank", zu der die NTL und ihre Mitglieder seinerzeit den Grundstein legten. Dies gilt auch für einen großen Teil des Materials, das im Laufe der letzten Jahre u.a. von den UNIVERSITY ASSOCIATES in den Vereinigten Staaten und von TEAMCOS FORLAG in Dänemark in Buchform herausgegeben worden ist.

Die Herausgabe dieses fünften Bandes der deutschen Ausgabe von J. William Pfeiffer und John E. Jones „A Handbook of Structured Experiences for Human Relations Training" durch TEAMCOS FORLAG und BURCK-HARDTHAUS VERLAG scheint ein vorzüglicher Anlaß dazu zu sein, den Leser mit den ursprünglichen Prinzipien und Zielen der NTL bekannt zu machen und ihm dadurch vielleicht zu einem besseren Verständnis dafür zu verhelfen, wie sich ein Material wie das vorliegende verwenden läßt.

Die drei Gründer der NTL, Leland P. Bradford, Kenneth D. Benne und Ronald D. Lippitt, starteten diese sagenhafte Entwicklung in einer Zeit, die genau so unsicher und veränderlich war wie unsere jetzige Zeit. Der Zweite Weltkrieg war gerade beendet. Mit den Erfahrungen aus der Depression in den dreißiger Jahren und aus dem Krieg in noch frischer Erinnerung sahen sie voraus, daß die Zukunft von enormen technologischen, sozialen und wissenschaftlichen Errungenschaften geprägt werden würde.

Es war ihnen klar, daß viele Menschen auf diese Veränderungen, die vor der Tür standen, überhaupt nicht vorbereitet waren und daß es für diese Men-

9

schen keine Ausbildungsmöglichkeiten gab. Ferner waren sie sich der Tatsache bewußt, daß auch keine Grundlage für eine derartige Ausbildung existierte. Man war dazu gezwungen, zuerst Mittel und Wege zu finden, um die Änderungsprozesse konstruktiv beeinflussen und steuern zu können statt weiterhin das Geschehen mehr oder weniger dem Zufall zu überlassen, der die Menschheit in immer neue Krisen stürzen würde.

In der Praxis bedeutete dies, daß neue und bessere Theorien, die sich damit auseinandersetzten, welchen Einflüssen Gesellschaft, Organisationen und Menschen unterliegen, wie sie handeln und wie sie sich ändern, erst formuliert und verbreitet werden mußten. Es bedeutete auch, daß das vorhandene Sozialwissen, welches sich hinter unverständlichen Fachausdrücken und in wissenschaftlichen Schriften verbarg, in eine für den gewöhnlichen Menschen begreifliche und verwendbare Form gebracht werden mußte, denn auch damals schrieben humanistische Forscher mehr für einander als für uns andere.

Dies bedeutete ebenfalls, daß die Kluft zwischen Forschern und Praktikern überwunden und eine Atmosphäre des gegenseitigen Verständnisses, Respektes und der Zusammenarbeit geschaffen werden mußte.

Schließlich bedeutete es, daß die Mauern zwischen den verschiedenen wissenschaftlichen Disziplinen und den traditionellen Expertenrollen eingerissen werden mußten. Die drei Gründer der NTL hatten sich damit wahrhaftig eine gigantische Aufgabe gestellt, aber hierzu sagte Lee Bradford in seinen Erinnerungen: „Wir haben uns nur selten gefragt, ob dieses oder jenes *möglich* war, solange es nur genügend wichtig, interessant oder notwendig war, daß es durchgeführt werden *mußte.*"

In ihrem Wesen war die gestellte Aufgabe von allen bekannten Ausbildungsformen grundverschieden. Es sollte das Fundament zu einer Erwachsenenausbildung gelegt werden, deren Zweck darin bestand, die Auszubildenden zu der Einsicht zu bringen, daß die Handlungs- und Zusammenarbeitsmuster, die seit Generationen gelehrt und trainiert worden waren, nicht mehr ausreichten und daß die während des Krieges gebildeten, neuen Muster ebenfalls revidiert oder ganz erneuert werden mußten.

In den vierziger Jahren waren das fast revolutionierende Gedanken. Heute erscheinen diese Gedanken vielleicht schon selbstverständlicher, und wenn sie es tun, so ist das ein Verdienst der NTL. Carl Rogers schrieb einige Jahre später an Lee Bradford: „Du kannst Dich darüber freuen, daß Du an einem Projekt teilnimmst, von dem alle von vornherein behauptet hätten, daß es sich unmöglich durchführen ließe, aber das jetzt nichtsdestoweniger in vielen Ländern durchgeführt wird und bereits einen enormen Einfluß darauf gehabt hat, daß unsere Organisationen in größerem Ausmaß auf den Menschen als solchen ausgerichtet werden."

Die Arbeit in den NTL färbte auf die amerikanische Gesellschaft ab, und ihr Einfluß verbreitete sich im Laufe der fünfziger und sechziger Jahre auf alle Länder der industrialisierten Welt mit nur einigen Ausnahmen, wie z.B. Schweden (da Schweden ja nicht so stark von den Krisen betroffen war) und sämtliche diktatorisch regierte Länder (in welchen ein offenes Bekenntnis zu der von den NTL vertretenen Auffassung der Demokratie, der Integrität des Individuums und der Konfrontationen mit existierenden Machtstrukturen lebensgefährlich wäre).

Wenn ich heute die riesigen Mengen von Aktivitäten, Versuchen und praktisch durchgeführten Projekten, Materialien, Büchern, Forschungsberichten und Programmen usw. zu überschauen versuche, deren Urheber die NTL sind, muß ich mich trotz allem darüber wundern, daß sie so wenig Spuren in der Gesellschaft hinterlassen haben und daß die große Mehrheit nur so wenig über die bahnbrechende Arbeit weiß, die ausgeführt worden ist.

Die Prophezeiungen der drei Gründer sind bestätigt worden. Wir waren nicht auf die Änderungen vorbereitet, die geschahen, und die Konsequenz war, daß die Entwicklung auf mehreren Gebieten außer Kontrolle geriet und daß gleichzeitig destruktive soziale Strukturen bewahrt und in gewissen Fällen sogar gefestigt wurden.

Derartige destruktive Strukturen verhindern noch heute bei der Mehrheit, ja selbst bei Fachleuten und Politikern, die Einsicht in die Notwendigkeit sozialer Änderungsprozesse. Soziale Probleme und Spannungen, deren Entstehen man zu Beginn der fünfziger Jahre fühlen konnte und die man zum damaligen Zeitpunkt zu lösen gewillt war, sind ständig ungelöst und sogar eher noch größer und akuter geworden.

Unwissenheit und Naivität gegenüber den Zusammenhängen der sozialen Änderungsprozesse mit dem materiellen und technologischen Wohlstandszuwachs halten sich hartnäckig, und wenn wir den Versuch unternehmen, soziale Probleme zu lösen, so legen wir diesen Versuchen oft Theorien vom Anfang dieses Jahrhunderts zugrunde, zum Teil sogar Theorien, die sich später als unhaltbar erwiesen haben.

Es kommt mir so vor, als ob die Aktivitäten, welche die NTL in Gang setzten und die dem Wunsch entsprangen, ernsthafte und uns alle betreffende soziale Probleme in der Zukunft besser lösen zu können, unter dem Einfluß des Wohlstandes in den fünfziger und sechziger Jahren zu einer Art kommerzieller Luxusware für einige wenige Privilegierte abgewertet worden seien.

Die Debatte über das Sensitivitäts- und Labortraining mag dazu dienen, dies zu veranschaulichen.

Die Gründer und Mitglieder der NTL experimentierten mit einer Vielzahl völlig unterschiedlicher Arbeitsformen, um die Form oder die Formen zu finden, welche mit den Unterrichtsprinzipien, an die sie glaubten, und mit den Zielen, die sie sich gesteckt hatten, am besten übereinstimmten. Mit fortschreitender Arbeit gewannen sie immer besseren Einblick in die Art und Weise, in der Menschen lernen und sich entwickeln, und dadurch verbesserten sie ihre Fähigkeiten, Ausbildungsstrukturen zu schaffen, die auf die Lösung konkreter Aufgaben und auf sehr verschiedene Anwendungszwecke abgestellt waren.

Das, was sie veröffentlichen und wofür sie Verständnis schaffen wollten, waren die Konsequenzen der unterschiedlichen Unterrichtsformen, insbesondere deren Anwendungsmöglichkeiten in Verbindung mit erforderlichen sozialen Änderungen. Darüber hinaus wollten sie einen Einblick in solche Prozesse vermitteln, die eine soziale Entwicklung steuern bzw. hemmen.

Eine der Erfindungen, die man machte, war die Trainingsgruppe, auch T-Gruppe genannt. Für die Ausbilder und Teilnehmer der damaligen Zeit erwies sich die T-Gruppe als fast geniale Arbeitsform, welche genau diejenigen Möglichkeiten in sich barg, nach denen man strebte.

Für die große Öffentlichkeit ist die T-Gruppe jedoch jetzt etwas ganz anderes. Die im Laufe der letzten Jahre geführte Debatte über Sensitivitäts- und Labortrainings und über die Ausbildung in T-Gruppen hat sich hauptsächlich um die Wirkungen in der Form von Verhaltensänderungen der Teilnehmer und um die Kompetenz der Trainer gedreht. Im Laufe der Debatte ist ganz und gar versäumt worden, die Ausbildungsform als solche und ihren Zusammenhang mit der Entwicklung der Gesellschaft zu beschreiben. Und die Prinzipien des sozialen Lernens und Entwickelns, auf denen die Methode beruht, sind auch nicht erklärt worden (man könnte fast sagen: ganz im Gegenteil).

Als Folge davon hat sich ergeben, daß eine der wichtigsten sozialen Neuerungen unserer Zeit jetzt von der Öffentlichkeit als eine mehr oder weniger verdächtige Methode angesehen wird, die Menschen egozentrisch zu machen und das Verhalten des einzelnen in eine bestimmte Richtung zu lenken, und zwar trotz der Tatsache, daß die T-Gruppenarbeit in größerem Maßstab zu sozialer Forschung und mitmenschlichem Verständnis angeregt hat als irgendwelche andere Aktivität in unserer Zeit, und trotz des Umstandes, daß sie für die soziale Entwicklung in unseren großen Organisationen wahrscheinlich mehr bedeutet hat als irgendein politisches Programm.

Nach Ansicht der Öffentlichkeit sind die Kurse eine exklusive Ausbildung für hartgekochte Chefs oder für Personen mit psychischen Problemen — eine Kursform, die Trainer mit langer psychologischer/psychiatrischer Ausbildung und mit großer Erfahrung darin verlangt, psychische Zusammenbrüche, die den Behauptungen nach bei den Kursen oft vorkommen, vorauszusehen und zu behandeln.

Der Umstand, daß der Öffentlichkeit eine Auffassung von etwas beigebracht werden kann, die fast genau dem Gegenteil der Wirklichkeit entspricht, veranschaulicht am deutlichsten die enormen Schwierigkeiten, die damit verbunden sind, die Kunde von neuen Errungenschaften und neuen Erfahrungen auf dem humanistischen Gebiet zu verbreiten. Mit T-Gruppen von derselben Art wie den von NTL geleiteten ist jetzt 30 Jahre lang gearbeitet worden. Es ist bedauernswert, daß wirklich kompetente Journalisten in ihrem Jagdeifer nach Sensationen und ebenso kompetente Psychologen und Psychiater in ihrem Streben nach fachlicher Anerkennung brav dazu beigetragen haben, der Öffentlichkeit ein verkehrtes Bild der T-Gruppen zu vermitteln.

Es ist erschütternd zu bedenken, daß in anderen Problembereichen — wie z.B. Mitbestimmung, Alkoholismus, Rauschgiftsucht, Arbeitslosigkeit, Rassengegensätze usw. — die Mehrheit ein ebenso falsches Bild von den tatsächlichen sozialen Zusammenhängen hat.

Die großen Probleme in unserer Gesellschaft haben direkte Verbindung mit Änderungsprozessen und sozialem Lernen. Das ursprüngliche Ziel der NTL ist meiner Ansicht nach heute noch genau so aktuell wie vor 30 Jahren, und die Prinzipien, die den Aktivitäten der NTL zugrunde lagen, sind in unserer Zeit noch genau so wesentlich, wie sie es damals waren.

Zum Schluß der Einführung zu diesem Buch möchte ich es deshalb wagen, einige dieser Prinzipien auf Grund persönlicher, in den siebziger Jahren gemachter Erfahrungen zu interpretieren und neu zu formulieren.

Prinzip 1: Lernen ist ein sozialer Prozeß

Menschen lernen in erster Linie voneinander. Dies ist ein Prozeß, der sich das ganze Leben lang ununterbrochen abspielt. Es ist sinnlos, gewisse Situationen als Lernsituationen und andere Situationen als etwas anderes zu bezeichnen. Zu glauben, daß man nur auf einem Kurs, einer Schule oder einer

Universität lernt, ist genau so unsinnig wie die Annahme, daß man nur draussen im praktischen Leben lernt. Das Entscheidende ist, ob eine Situation es einer oder mehreren Personen erlaubt, etwas zu lernen. Es ist ebenfalls entscheidend, daß Menschen, um etwas zu lernen, dies notwendigerweise im Zusammenwirken mit anderen und mit enger Anknüpfung an ihre eigene Wirklichkeit lernen müssen. Sich auszubilden oder andere auszubilden ist somit immer ein Teil eines sozialen Prozesses, der entweder das Bestehende festigt oder zu Änderungen führen kann.

Will man für sich selbst oder andere eine Veränderung zum Besseren durchführen, genügt es nicht, sich intellektuelles Wissen und Verständnis zu erwerben, sondern man muß auch zusammen mit den anderen die sozialen Konsequenzen der Änderungen *erleben.*

Es ist nicht möglich, soziale Prozesse an Hand des Verhaltens von Einzelpersonen zu studieren und zu verstehen. Jede sinnvolle Ausbildung muß deshalb verschiedene Formen von kollektivem Zusammenwirken enthalten. Dies bedeutet jedoch *nicht,* daß jegliche Ausbildung in Gruppen geschehen sollte. Vielmehr sollte die Ausbildung — wie in den Programmen der NTL — sowohl den Selbstunterricht, als auch die Arbeit zu zweit oder in Gruppen verschiedener Größe umfassen.

Prinzip 2: Die Umgangsformen, die wir benutzen, sind eine Folge alter Unterrichts- und Erziehungsmethoden

Wir formen in noch größerem Ausmaß unsere eigene soziale Wirklichkeit als z.B. unsere physische Wirklichkeit. Um den Umgang oder das Beisammensein mit anderen zu strukturieren, hat jeder Mensch unzählige Möglichkeiten. Würde er seine Wahlfreiheit voll und ganz ausnutzen, so würde dies schnell zu chaotischen Zuständen führen. Es würde das Überleben der Menschheit gefährden, weil es unter anderem die Lösung aller gemeinsamen Probleme verhindern würde.

Es ist erforderlich, Formen für den Umgang mit Menschen zu schaffen, die allen bekannt sind. Dies ist eine Voraussetzung für jegliches soziales Leben, und es ist eines der einzigartigen Merkmale des Menschen, daß er dazu imstande ist, derartige Umgangsformen zu schaffen — und auch zu ändern.

Diese etablierten oder neuen Umgangsformen erlernen wir im Laufe unseres ganzen Lebens, wenn wir Umgang mit anderen Menschen pflegen. Um diese Umgangsformen, die wir geschaffen haben, beizubehalten, sind wir obendrein dazu imstande, unsere soziale Wirklichkeit in einer Weise zu organisieren, daß sie mit den von uns gewählten Formen übereinstimmt und ihre Richtigkeit bestätigt, z.B. dadurch, daß einem alles mißlingt, wenn man in einer konkreten Situation eine andere Umgangsform als diejenige wählt, welche die anderen Teilnehmer gewöhnt sind. Auf diese Weise können wir auch die nächste Generation die etablierten Umgangsformen lehren und sie daran hindern, neue Umgangsformen zu schaffen, die ihrer Ansicht nach besser wären.

Das Training in zwischenmenschlichen Beziehungen verfolgt deshalb nicht nur den Zweck, den Umgang und die Zusammenarbeit mit anderen Menschen unter den Bedingungen der Vergangenheit zu ermöglichen, sondern es bezweckt auch, die Formen von Konflikten, Kriegen, Wettbewerben, Privilegien, des Konformismus, der Unterdrückung o.ä. zu verstehen und zu beeinflussen, die frühere Generationen auf Grundlage ihrer Erlebnisse und Erfahrungen an die Menschen und Gruppen der Jetztzeit überliefert haben.

Keine soziale Änderung kann erfolgen, ohne daß die davon Berührten eine größere Einsicht in und ein besseres Verständnis für die Konsequenzen der etablierten sozialen Regeln erwerben, zu deren Erhaltung sie beitragen. Jede Änderung wird dadurch die Folge eines Lernprozesses, in dem die von früheren Generationen gemachten Erfahrungen oder eigene frühere Erfahrungen auf Grund der Erlebnisse in der Jetztzeit revidiert werden.

Als Grundlage für soziale Änderungen ist das Labortraining fast ideal, weil es den Teilnehmern optimale Freiheit einräumt, ihr eigenes Zusammenarbeitsmuster zu schaffen und aus der sozialen „Hier und jetzt"-Situation, welche das Muster mit sich bringt, zu studieren und zu lernen.

Aber das Labortraining hat auch den Nachteil, daß es den Mitgliedern so viele Möglichkeiten des Zusammenwirkens einräumt, daß es bei vielen Verwirrung stiften kann, und zwar insbesondere bei denen, die keine Erfahrung darin haben, die soziale Situation, in der sie sich befinden, offen zu analysieren; außerdem gibt das Labortraining meistens nur die Möglichkeit, Erfahrungen über soziale Strukturen innerhalb einer kleinen Gruppe oder zwischen ganz wenigen kleineren Gruppen zu schöpfen.

Prinzip 3: Lernen ist teilnehmerzentriert
Die neue Entdeckung, daß Wissen in der Praxis durch einen sozialen Prozeß bestätigt und entwickelt werden muß, stellt neue und andere Anforderungen an das Verhältnis zwischen Lehrer und Schüler.

Der Lehrer, Anleiter oder Trainer nimmt zwar an den gemeinsamen Erfahrungen mit einem anderen Gewicht teil als die Teilnehmer. Aber er kann sich nicht mehr hinter der Maske eines Experten verbergen, wenn sich Geschehnisse und soziale Prozesse direkt auf sein Verhalten, seine Ausbildung, seine soziale Theorie, seine Erwartungen, seine Vorurteile usw. zurückführen lassen.

Dies bedeutet in der Praxis, daß er sich zwar ohne seinen Hintergrund und seine Kompetenz zu verleugnen, aber unter denselben Bedingungen wie die Teilnehmer in die Ausbildungssituation hineinbegeben muß. Er muß genauso gewillt sein, Feedback zu seiner eigenen Rolle und Person anzunehmen, wie er es von den anderen Teilnehmern erhofft.

Er kann auch nicht von vornherein mit einem fertigen und detailliert ausgearbeiteten Programm ankommen, denn das eigentliche Lernen kann nur aus der Zusammenarbeit zwischen Lehrern und Schülern unter gleichen und gemeinsamen Bedingungen erwachsen. Durch diese Wechselwirkung erwerben sich sowohl Lehrer als auch Schüler eine ständig zunehmende Kompetenz, das zu analysieren, zu verstehen und zu formulieren, was sie in einer Weise gelernt haben, daß es in der Umgebung und der Situation, in der sie sich befinden, einen Sinn erhält. Ferner erhalten sie die Möglichkeit, selbst zu bewerten, wie und ob sich das, was sie gelernt haben, mit früher Erlerntem kombinieren läßt.

Prinzip 4: Der Zweck des Lernens ist zu verstehen und zu beeinflussen
Falls es in einer Lernsituation keine größeren Möglichkeiten gibt, die eigene Situation zu verstehen und zu beeinflussen, besteht die Gefahr, daß sie statt dessen Anlaß zu Hilflosigkeit, Apathie, Krisen, Aggression, sinnlosen Reaktionen, Abhängigkeit usw. gibt.

Unsere Möglichkeiten, die eigene Situation zu analysieren und zu verstehen, werden immer dadurch erschwert, daß wir diese Aufgabe nicht allein durchführen können. Außerdem machen es unsere Mitmenschen uns auch oft dadurch schwieriger, diese Aufgabe zusammen mit ihnen zu lösen, daß sie Informationen, die wir benötigen, entweder verdrehen oder sie uns vorenthalten.

Eine der wichtigsten Aufgaben für alle Arten der Ausbildung ist daher, daß die Teilnehmer die Fertigkeit erwerben, zusammen mit anderen das soziale Milieu zu untersuchen, in das wir integriert sind. Die NTL haben eine lange Reihe von Methoden für dieses Sammeln und Analysieren von Daten entwickelt. Sie legten auch größeren Wert darauf, die Teilnehmer selbst die sozialen Geschehnisse analysieren zu lassen, anstatt ihnen die Übernahme der Interpretationen, Modelle und Theorien von Experten nahezulegen.

Aber auch wenn Personen ihre Situation verstehen, ist es nicht sicher, daß sie versuchen, die Entwicklung ihrer Situation in der von ihnen gewünschten

Richtung zu beeinflussen. Dies kann z.B. auf frühere mißglückte Versuche, Vorurteile, Ohnmacht, eine drohende Haltung oder soziale Sanktionen seitens ihrer Umgebung oder Furcht vor den eventuellen negativen Konsequenzen, die eine Reaktion bewirken könnte, zurückzuführen sein.

Die NTL haben deshalb danach gestrebt, ein Lernklima zu schaffen, in dem die Teilnehmer keine sozialen Sanktionen oder andere Strafmaßnahmen zu befürchten brauchten, sondern das den Teilnehmern die Freiheit gab, mit der Beeinflussung von Situationen oder Beziehungen, an die sie sich früher nie herangewagt hätten, zu experimentieren.

Dieses Streben nach Offenheit, Experimentieren und Analysieren ist wahrscheinlich das, was am allermeisten zum Einfluß der NTL auf die humanistische Entwicklung sowohl draußen in der Gesellschaft als auch in den Ausbildungsanstalten beigetragen hat.

Prinzip 5: Gefühle und Intellekt sind unlösbar miteinander verknüpft
Die humanistische Forschung hat sich schon immer den folgenden Fragen gegenübergestellt gesehen: ,,Was veranlaßt Menschen dazu, so viele einzigartige und unvorhersagbare Dinge zu tun? '' und ,,Kann die humanistische Forschung uns nicht lehren, es vorauszusehen, wie Menschen reagieren werden? ''

Kurt Lewin gab diesen Fragen durch seine Studien der zwischenmenschlichen Beziehungen eine neue Dimension, und die NTL waren sich schon sehr früh klar darüber, wie wichtig sein Beitrag für das Verständnis der Prozesse war, die in Ausbildungssituationen und in anderen sozialen Zusammenhängen auftraten.

Kurt Lewin war einer der ersten, die den Menschen als einen Teil eines sozialen Systems sahen, das verschiedene, einander entgegenwirkende Kräfte im Gleichgewicht zu halten oder aus dem Gleichgewicht zu bringen suchte. Das Gleichgewicht wird niemals ganz erreicht, das System bewegt sich ständig auf einen Gleichgewichtszustand, der nie ganz erreicht wird, zu oder von diesem Zustand weg.

Dieses ständig fehlende Gleichgewicht ist der Anlaß dafür, daß die Mitglieder gefühlsmäßig anhand von *vernunftsmäßigen* Ursachen reagieren, doch werden diese Reaktionen — insbesondere in Krisensituationen — meistens ausschließlich als *gefühlsmäßig* aufgefaßt.

Lewin konzentrierte sich daher auf die Hypothese, daß das Lernen eine Kombination aus gefühlsmäßigen und vernunftsmäßigen Prozessen ist, die durch ein soziales Milieu verursacht werden. Menschen handeln so, wie sie es tun, weil sie den Wunsch haben, die Welt, die sie mit ihren Sinnen erleben, mit derjenigen Welt in Balance zu bringen, von der sie sich mit Hilfe ihres Verstandes ein Bild gemacht haben.

Die Zeit nach seinem Tode hat gezeigt, daß Lewin recht hatte.

Sowohl vor 30 Jahren für die NTL als auch heute ist es wichtig einzusehen, daß wirkliches Lernen kaum stattfinden kann, ohne daß man die Gefühle zum Ausdruck bringen kann, zu denen die Situation Anlaß gibt — und ohne daß diese Gefühlsausbrüche ernst genommen werden. Ein Gefühlsausbruch ist eines der sichersten Zeichen dafür, daß ein Mensch seine Situation auch vernunftsmäßig erlebt.

Die Zurückweisung von Gefühlsausbrüchen als irrelevante Reaktionen kann in einer ernsthaften sozialen Konfrontation geradezu gefährlich sein.

Dies bedeutet jedoch nicht, daß man sich automatisch entwickelt, indem man seine Gefühle hemmungslos zum Ausdruck bringt oder ohne Hemmungen versucht, eigene etablierte Lebensregeln und die etablierten Lebensregeln anderer umzustoßen. Das kann nämlich ebensogut zur Selbstzerstörung führen.

Der Versuch, vernunftsmäßige und gefühlsmäßige Reaktionen zu trennen, ist sinnlos. Diese Tatsache zu verstehen, ist wahrscheinlich die allerwichtigste soziale Entdeckung, die in diesem Jahrhundert gemacht wurde, und zwar obwohl viele von uns dies noch nicht begriffen haben und ständig versuchen, diese Trennung vorzunehmen.

Das in diesem Band gesammelte Material ist sehr eng mit den genannten fünf Prinzipien verknüpft:

1. Lernen ist ein sozialer Prozeß

2. Die Umgangsformen, die wir benutzen, sind eine Folge alter Unterrichts- und Erziehungsmethoden

3. Lernen ist teilnehmerzentriert

4. Der Zweck des Lernens ist zu verstehen und zu beeinflussen

5. Gefühle und Intellekt sind unlösbar miteinander verknüpft

Ob das Material jedoch in dem Sinne benutzt wird, in welchem die Gründer der NTL und ihre zahlreichen Nachfolger entsprechendes Material benutzt haben, oder ob es zu ganz anderen Zwecken benutzt wird, kommt ganz auf die Personen und Gruppen an, die damit arbeiten.

Bengt-Åke Wennberg
Onsala, Schweden, Juli 1977

Referenz:
Leland P. Bradford
National Training Laboratories: Its History 1947—1970
(herausgegeben von NTL 1976)

Beiträge zu diesem Band haben geleistet:

Richard J. Carpenter, Jr.
Assistant Professor of
Aerospace Studies
Wilkes College
Wilkes-Barre, Pennsylvania 18703

J. Stephen Colladay
Career Counselor
Cornell College
Mt. Vernon, Iowa 52314

Howard L. Fromkin
Associate Professor
Krannert Graduate School
of Industrial Administration
Purdue University
West Lafayette, Indiana 47907

Finn Strandgård Jensen
F.D.B.-Slettenhus
Gl. Strandvej 163
DK-3050 Humlebæk

John E. Jones
Vice President
University Associates
7596 Eads Avenue
La Jolla, California 92037

Charles L. Kormanski, Ed.D.
Counseling Center
134 Smith Building
Altoona Campus
Pennsylvania State University
Altoona, Pennsylvania 16603

George O. Charrier
President, Development
Systems Inc.
5710 Winton Road, Box 102
Cincinnati, Ohio 45232

Robert H. Dolliver
Associate Professor of
Psychology
21 Stewart Hall
University of Missouri
Columbia, Missouri 65201

Freddy Hansen
Teamco
Frederiksborggade 9
DK-1360 Kopenhagen K

John R. Joachim
Coordinator
Division of Enrichment Studies
Princeton City Schools
11157 Chester Road
Cincinnati, Ohio 45246

Colleen A. Kelley
Human Relations Consultant
4303 Mentone Street, 4
San Diego, California 92107

Michael J. Miller
Director of Organizational
Development
Independent Boxmakers, Inc.
515 Park Avenue
Louisville, Kentucky 40208

Peter Mumford
Head, Staff Development and
Training Unit
Department of Management and
Business Studies
Brighton Polytechnic
Brighton, England

Helge Olesen
F.D.B.-Slettenhus
Gl. Strandvej 163
3050 Humlebæk

J. William Pfeiffer
President
University Associates
7596 Eads Avenue
La Jolla, California 92037

Anthony J. Reilly
Senior Consultant
University Associates
7596 Eads Avenue
La Jolla, California 92037

Peter R. Scholtes
Organizational Development
Director
City of Madison
210 Monona Avenue
Madison, Wisconsin 53709

John F. Veiga
Assistant Professor
Department of Industrial Admini-
stration
School of Business Administration
The University of Connecticut
Storrs, Connecticut 06268

233. DIE D-KLASSE

Zweck:

I.   Der Nachweis der Wirkung, die Zusammenarbeit und Wettbewerb in einer Gruppe haben.

II.   Die Untersuchung der Art und Weise, in der die Mitglieder einer Gruppe die erforderlichen Informationen austauschen.

III.   Die Beobachtung der Art und Weise, in der die Mitglieder einer Gruppe arbeiten, wenn sie in Zeitnot gemeinsam eine Aufgabe lösen sollen.

Größe der Gruppe:

Unbegrenzte Anzahl von Gruppen mit jeweils sechs Mitgliedern.

Zeit:

30–45 Minuten.

Hilfsmittel:

Ein Satz Informationskarten für jede Gruppe. Die Karten sind durch die verschiedene Anzahl von Punkten (1–6 Punkte) am Ende des jeweils ersten Satzes gekennzeichnet.

Arrangement:

Ein Raum, der so groß ist, daß die Gruppen arbeiten können, ohne sich gegenseitig zu stören.

Verfahren:

I.   Die Gruppen mit jeweils sechs Mitgliedern werden gebildet, und jedes Gruppenmitglied erhält eine Informationskarte. Die Teilnehmer haben drei Minuten Zeit, um sich die Informationskarten durchzulesen.

II.   Der Anleiter teilt mit, daß die Aufgabe innerhalb von 20 Minuten gelöst werden muß.

III. Wenn eine Gruppe die Aufgabe gelöst hat, unterhalten sich ihre Mitglieder leise über den Prozeß, der sich während der Arbeit an der Aufgabe abspielte.

IV. Wenn alle Gruppen die Aufgabe gelöst und anschließend den Prozeß, der sich dabei abspielte, durchgesprochen haben, leitet der Anleiter im Plenum eine Diskussion der gesamten Erfahrung, wobei er besonderes Gewicht auf die Problemlösungsstrategie, die Ausnutzung der den Gruppen zur Verfügung stehenden Ressourcen und den oder die Faktoren legt, die gegebenenfalls das Lösen der Aufgabe verhinderten.

V. Der Anleiter bittet die Gruppen, ihm nacheinander die erarbeiteten Lösungen mitzuteilen.

Lösung der Aufgabe:

D-Klasse	1. Stunde	2. Stunde	3. Stunde	4. Stunde
	Schmidt	Krämer	Müller	Gärtner

Falls erforderlich, kann der Anleiter die Lösung durch die folgende Tabelle veranschaulichen und gegebenenfalls verschiedene Kommentare daran anschließen:

	1. Stunde	2. Stunde	3. Stunde	4. Stunde
A-Klasse	Müller	SCHMIDT	Gärtner	Krämer
B-Klasse	Krämer	GÄRTNER	SCHMIDT	MÜLLER
C-Klasse	GÄRTNER	MÜLLER	Krämer	Schmidt
D-Klasse	Schmidt	Krämer	Müller	Gärtner

(Die mit Großbuchstaben geschriebenen Namen sind direkt auf den Informationskarten angegeben)

Überlegungen:

a) Zuerst müssen wir herausfinden, wer fertig ausgebildeter Lehrer und wer noch Lehramtskandidat ist.

Da Frau Böttcher mit Herrn Krämer in der C-Klasse zusammenarbeitet, aber aus persönlichen Gründen niemals in derselben Klasse unterrichtet wie Herr Müller, muß sie Kandidat sein, da ja jeder Lehrer bzw. jede Lehrerin die ganze Zeit in je einer Klasse unterrichtet.

Damit wissen wir, daß Herr Müller Lehrer ist.

Harry muß also Kandidat sein, denn er unterrichtet in der 3. Stunde zusammen mit Herrn Müller in der C-Klasse.

Kandidaten: Frau Böttcher und Harry
Lehrer(in):   Herr Müller, Herr Krämer, Herr Schmidt und Frau Gärtner.

b)   Wir wissen, wer in der 2. Stunde in der A-Klasse, der B-Klasse und der C-Klasse unterrichtet, nämlich Herr Schmidt, Frau Gärtner bzw. Herr Müller. Demnach muß Herr Krämer in der 2. Stunde in der D-Klasse unterrichten.

c)   Wir wissen, wer die B-Klasse in der 2., der 3. und der 4. Stunde unterrichtet, nämlich Frau Gärtner, Herr Schmidt bzw. Herr Müller. Demnach muß Herr Krämer die B-Klasse also in der 1. Stunde unterrichten.

d)   Uns fehlen jetzt noch zwei Lehrer, die in der 1. Stunde die A-Klasse bzw. die D-Klasse unterrichten. Diese Lehrer müssen Herr Schmidt und Herr Müller sein. Herr Schmidt kann die A-Klasse in der 1. Stunde nicht unterrichten, weil er sie in der 2. Stunde unterrichtet. Also unterrichtet Herr Schmidt in der 1. Stunde die D-Klasse und Herr Müller in der 1. Stunde die A-Klasse.

e)   Da wir wissen, wann Herr Müller die A-Klasse, die B-Klasse und die C-Klasse unterrichtet, wissen wir auch, daß er die D-Klasse in der 4. Stunde unterrichtet.

Da wir wissen, wer die D-Klasse in der 1., in der 2. und in der 3. Stunde unterrichtet, nämlich Herr Schmidt, Herr Krämer bzw. Herr Müller, muß es demnach Frau Gärtner sein, die die D-Klasse in der 4. Stunde unterrichtet.

Damit wäre die Aufgabe gelöst.

Soll jedoch der gesamte Stundenplan ausgefüllt werden, dann

—   kann Frau Gärtner die A-Klasse nur in der 3. Stunde unterrichten,

—   kann Herr Schmidt in der 4. Stunde nur in der C-Klasse unterrichten,

—   und dann wissen wir, daß Herr Krämer die C-Klasse in der 3. Stunde und die A-Klasse in der 4. Stunde unterrichtet.

Variationen:

1.   Die Aufgabe kann dadurch erschwert werden, daß man mehrere unwesentliche Informationen hinzufügt.

2.   Die Anzahl der Klassen und Lehrer in der Aufgabe kann erhöht werden.

3.   Die Aufgabe kann in eine andere Situation übertragen werden, die besser zu den jeweiligen Teilnehmern paßt. Die rein praktische Konstruktion der Aufgabe erfolgt dann folgendermaßen: Der erste Schritt ist die Zusammenstellung der Lösung, und als nächstes sind die Informationen für die Karten zusammenzustellen. Jede Karte muß wenigstens enthalten: Eine wichtige Detailinformation, eine wichtige generelle Information und eine überflüssige Information.

4.   Die Größe der Gruppe kann variiert werden. In diesem Fall müssen einige der Informationskarten in doppelter Ausführung zur Verfügung stehen. Beispielsweise kann die Verteilung der Informationskarten bei einer Gruppe mit acht Mitgliedern folgendermaßen aussehen:

     Zwei Mitglieder erhalten die Karte Nr. 1
     Zwei Mitglieder erhalten die Karte Nr. 2
     Die übrigen vier Mitglieder erhalten dann die Karten Nr. 3, 4, 5 bzw. 6.

5.   Die Lösung des Problems kann einmal oder mehrmals durch Prozeßanalysen unterbrochen werden, wobei gegebenenfalls Fragebogen ausgefüllt werden müssen (z.B. mit Fragen nach dem Glauben des einzelnen Teilnehmers an die Richtigkeit der Lö-

sung, nach seiner Auffassung der Zusammenarbeit in der Gruppe und so weiter).

6. Falls die Lösung der Aufgabe den Gruppen Schwierigkeiten macht, kann der Anleiter eventuell dadurch allen Gruppen Hilfestellung leisten, daß er ihnen folgende Hinweise gibt:

    a) Versuchen Sie herauszufinden, welche der genannten Personen fertig ausgebildete Lehrkräfte und welche Kandidaten sind.

    und/oder

    b) Versuchen Sie, alle sicheren Informationen schriftlich zusammenzustellen und den Rest daraus abzuleiten.

(Eingeschickt von John R. Joachim)
(Vol. V, Nr. 156)

NOTIZEN ZU „DIE D-KLASSE":

Kein anderes Mitglied darf diese Karte lesen, aber Sie dürfen die angegebenen Informationen gerne mündlich an die anderen Mitglieder weitergeben.

Informationen:
Herr Schmidt unterrichtet die B-Klasse in der 3. Stunde.
Herr Müller und Frau Böttcher arbeiten nie zusammen in derselben Klasse, weil sie einander nicht leiden können.
Der Gruppenleiter, den Harry bewundert, unterrichtet die C-Klasse in der 1. Stunde.

Kein anderes Mitglied darf diese Karte lesen, aber Sie dürfen die angegebenen Informationen gerne mündlich an die anderen Mitglieder weitergeben..

Informationen:
Alle Lehrer haben eine Klasse, die sie am besten leiden mögen. In der 2. Stunde unterrichten alle in den Klassen, die sie bevorzugen.
Die fertig ausgebildeten Lehrkräfte unterrichten immer je eine Klasse, und sie wechseln nach jeder Stunde die Klasse.
Alle Lehrer unterrichten innerhalb der ersten vier Stunden des Tages in allen Klassen.

Fertigen Sie eine Ablichtung der Seite an und zerschneiden Sie sie dann zu Zetteln mit den einzelnen Informationen!

Kein anderes Mitglied darf diese Karte lesen,
aber Sie dürfen die angegebenen Informationen gerne mündlich an die anderen Mitglieder
weitergeben...

Informationen:
Die Altheimer Volksschule hat vier Klassen,
vier fertig ausgebildete Lehrkräfte und zwei
Kandidaten.
Frau Gärtner ist der Gruppenleiter des Leh-
rerkollegiums.
Herr Schmidt unterrichtet am liebsten die
A-Klasse.
Herr Müller unterrichtet die B-Klasse in der
4. Stunde; seine Lieblingsklasse ist jedoch die
C-Klasse.

Kein anderes Mitglied darf diese Karte lesen,
aber Sie dürfen die angegebenen Informationen gerne mündlich an die anderen Mitglieder
weitergeben....

Informationen:
Die Mitglieder Ihrer Gruppe haben alle erforderlichen Informationen bekommen, um die
folgende Frage beantworten zu können.

In welcher Reihenfolge unterrichten die
Lehrer (Namen angeben) in den ersten vier
Stunden des Tages die D-Klasse?

Es gibt nur eine korrekte Antwort, und es
läßt sich beweisen.
Ein Teil der Informationen, die die Gruppe
erhalten hat, sind für die Lösung der Aufgabe
unwesentlich.

**Fertigen Sie eine Ablichtung der Seite an und zerschneiden Sie sie dann zu
Zetteln mit den einzelnen Informationen!**

Kein anderes Mitglied darf diese Karte lesen, aber Sie dürfen die angegebenen Informationen gerne mündlich an die anderen Mitglieder weitergeben.....

Informationen:
Frau Böttcher und Herr Krämer haben eine Auseinandersetzung über die Unterrichtsform, während sie zusammen in der C-Klasse unterrichten, die dafür bekannt ist, die Kandidaten zu ärgern.
Der Gruppenleiter des Lehrerkollegiums hat jetzt fünf Jahre lang an der Altheimer Volksschule gearbeitet.

Kein anderes Mitglied darf diese Karte lesen, aber Sie dürfen die angegebenen Informationen gerne mündlich an die anderen Mitglieder weitergeben......

Informationen:
Der Gruppenleiter des Lehrerkollegiums unterrichtet die B-Klasse in der 2. Stunde.
Harry arbeitet in der 2. Stunde in der C-Klasse.
Frau Gärtner ist diejenige, die von den vier fertig ausgebildeten Lehrkräften die kürzeste Zeit an der Altheimer Volksschule tätig gewesen ist.

Fertigen Sie eine Ablichtung der Seite an und zerschneiden Sie sie dann zu Zetteln mit den einzelnen Informationen!

234. STATUS IM KRANKENHAUS

Zweck:

I.   Der Vergleich von Gruppenentscheidungen mit individuellen Entscheidungen.

II.   Die Diskussion der Kriterien, nach denen wir bewerten, wer einen höheren Status hat als andere.

III.   Die Diskussion des Zusammenhanges zwischen Status und Einfluß.

Größe der Gruppe:
Unbegrenzte Anzahl von Gruppen mit jeweils 5—12 Mitgliedern.

Zeit:
Ca. 90 Minuten.

Hilfsmittel:
Ein Bewertungsschema für jeden Teilnehmer und ein zusätzliches Bewertungsschema je Gruppe.

Arrangement:
Alle Gruppen müssen ungestört arbeiten können.

Verfahren:

I.   Der Anleiter teilt Exemplare des Schemas „Status im Krankenhaus" an alle Teilnehmer aus und bittet diese, das Schema individuell und ohne sich mit anderen zu besprechen auszufüllen. Er gibt den Teilnehmern 10 Minuten Zeit für diese Aufgabe.

II.   Die Teilnehmer werden in Gruppen eingeteilt, und die Mitglieder jeder Gruppe erhalten die Aufgabe, sich auf eine gemeinsame Liste zu einigen. Für die Gruppenarbeit gelten folgende Regeln:

a) Keines der Mitglieder darf auf Grundlage des Gruppenentscheides die Antworten in seinem eigenen Schema ändern.

b) Ein Gruppenmitglied notiert die Entscheidungen der Gruppe im Gruppenschema.

c) Die Gruppe hat 30 Minuten Zeit, um die Aufgabe zu lösen.

d) Alle Gruppenmitglieder müssen sich auf die Rangfolge einigen.

e) Mehrheitsentscheide, Durchschnittsberechnungen, Kuhhändel usw. sind zu vermeiden.

III. Jede Gruppe liefert das auf einen Flip-over-Bogen geschriebene Ergebnis ihrer Arbeit an den Anleiter ab, und dieser hängt alle Bögen im Arbeitsraum auf.

IV. Der Anleiter leitet eine Diskussion über die Unterschiede/Übereinstimmungen zwischen den Beantwortungen durch die verschiedenen Gruppen. Eventuell kann auch besprochen werden, ob und wie sich die Zusammensetzung der einzelnen Gruppen auf die Ergebnisse ausgewirkt hat. Schließlich wird die Erfahrung mit einer Diskussion abgeschlossen, die zu beleuchten sucht, welchen Einfluß Status und Prestige auf die Entscheidungen im täglichen Leben haben.

Ergebnis-Liste einer amerikanischen Gruppe:

1.	Neurochirurg	8.	Hautarzt
2.	Herzspezialist	9.	Zahnarzt
3.	Augenarzt	10.	Krankenschwester
4.	Plastikchirurg	11.	Pharmazeut
5.	Orthopäde	12.	Physiotherapeut
6.	Kinderarzt	13.	Krankenhelfer
7.	Psychiater	14.	Chiropraktiker

Beachte:

Es sei hier ausdrücklich darauf aufmerksam gemacht, daß diese Ergebnis-Liste auf amerikanischen Verhältnissen beruht. In Deutschland mag sie ganz anders aussehen.

Teamcos Forlag ist deshalb sehr daran interessiert, über entsprechende Bewertungen durch Gruppen in Deutschland oder in anderen Ländern des deutschen Sprachraumes Angaben zu erhalten, so daß in eine spätere Auflage dieses Buches Ergebnis-Listen aufgenommen werden können, die die Verhältnisse in diesen Ländern widerspiegeln. Darüber hinaus ist Teamcos Forlag auch an den Ergebnissen von Akvititäten interessiert, bei denen die Teilnehmer zur Rangfolge weiterer Spezialgebiete Stellung genommen haben, z.B. Röntgenologen, Beschäftigungstherapeuten, Sozialberatern, Psychologen usw.

(Die amerikanische Liste stammt aus einem Aufsatz von S.M. Shortell: „Occupational Prestige Differences within the Medical and Allied Health Professions", Social Science and Medicine, Nummer 8, 1974, Seite 1—9).

Variationen:

1. Es kann darüber diskutiert werden, welchen Einfluß der Status der Gruppenmitglieder auf das Resultat hatte, zu dem die Gruppe gelangt ist.

· 2. Falls die Teilnehmer daran interessiert sind, kann ein Vergleich mit der amerikanischen Ergebnis-Liste vorgenommen werden.

3. Repräsentanten aller Gruppen können unter Beachtung derselben Regeln wie bei der Gruppenaufgabe eine Rangliste zusammenstellen, die die Meinung aller Teilnehmer widerspiegelt.

(Eingeschickt von J. William Pfeiffer)
(Vol. V, Nr. 157)

NOTIZEN ZU „STATUS IM KRANKENHAUS":

STATUS IM KRANKENHAUS — Bewertung

Aufgabe:
Nachstehend sind 14 Spezialisten aufgeführt, die alle in einem Kranken-haus tätig sind. Ihre Aufgabe besteht darin, eine Rangordnung dieser Spezia-listen danach vorzunehmen, welcher Ihrer Ansicht nach zur Zeit den höch-sten/niedrigsten Status im Krankenhaus besitzt. Der Spezialist mit dem höch-sten Status erhält die Nummer 1, der Spezialist mit dem niedrigsten Status die Nummer 14 usw.

...... Herzspezialist   ...... Kinderarzt

...... Chiropraktiker   ...... Pharmazeut

...... Zahnarzt   ...... Physiotherapeut

...... Hautarzt   ...... Plastikchirurg

...... Neurochirurg   ...... Krankenhelfer

...... Orthopäde   ...... Psychiater

...... Augenarzt   ...... Krankenschwester

235. DIE KRANKMELDUNG

Zweck:

I.   Die Untersuchung der Folgen, die auftreten können, wenn man im Namen anderer Entscheidungen trifft.

II.   Die Diskussion von Problemen, die mit der Leitung eines Betriebes verbunden sind.

III.   Das Aufzeigen von Loyalitätskonflikten zwischen Kollegen und Vorgesetzten.

Größe der Gruppe:
Zwei Gruppen mit jeweils 5–7 Mitgliedern. Es kann eine unbegrenzte gerade Anzahl von Gruppen teilnehmen.

Zeit:
Ca. 90 Minuten.

Hilfsmittel:
Eine „Darstellung des Falles" (siehe Seite 38–39) für jeden Teilnehmer.

Arrangement:
Ein Raum, der so groß ist, daß die Gruppen arbeiten können, ohne sich gegenseitig zu stören.

Verfahren:

I.   Der Anleiter orientiert die Teilnehmer kurz über die Aktivität, die durchgeführt werden soll. Er erwähnt jedoch nicht den Zweck der Aktivität.

II.   Die Teilnehmer werden in zwei Gruppen eingeteilt, die dann etwas auseinanderrücken. Die eine Gruppe wird zur „Direktion" und die andere Gruppe zu den „Leitenden Angestellten" ernannt.

III. Der Anleiter händigt jedem der Teilnehmer ein Exemplar der „Darstellung des Falles" aus und bittet alle Teilnehmer, die nächsten 10 Minuten dazu zu benutzen, diese Darstellung gründlich durchzulesen und sich zu notieren, wie sie das beschriebene Problem angehen würden.

IV. Der Anleiter teilt daraufhin mit, daß die Mitglieder jeder Gruppe 25 Minuten Zeit haben, sich darauf zu einigen, wie sie versuchen wollen, das Problem zu lösen. Er bittet beide Gruppen, jeweils ein Mitglied zu wählen, das bei der Besprechung den Vorsitz führen kann.

V. Nach 25 Minuten stoppt der Anleiter die Diskussion und bittet den Vorsitzenden der „leitenden Angestellten", als Sprecher seiner Gruppe zu fungieren.

VI. Der Sprecher der „leitenden Angestellten" wird gebeten, zur „Direktion" hinüberzugehen und vorzulegen, was den Vorschlägen der „leitenden Angestellten" gemäß unternommen werden sollte. Die übrigen Mitglieder der „leitenden Angestellten" beobachten schweigend die Besprechung, die ihr Sprecher mit der „Direktion" hat.

VII. Die Mitglieder der „leitenden Angestellten" geben ihrem Vorsitzenden und Sprecher Feedback zu seiner Besprechung mit der „Direktion". Indessen beschließt die „Direktion", was unternommen werden soll (10 Minuten).

VIII. Die „Direktion" ruft den Vorsitzenden der „leitenden Angestellten" herbei, um ihm ihre Entscheidung mitzuteilen. (Die „leitenden Angestellten" setzen indessen ihre Besprechung fort.)

IX. Der Vorsitzende der „leitenden Angestellten" teilt seiner Gruppe mit, welche Entscheidung die „Direktion" getroffen hat. (Die Mitglieder der „Direktion" beobachten die Reaktionen der „leitenden Angestellten" und diskutieren ihre Beobachtungen. 10 Minuten.)

X. Die beiden Gruppen werden in Paare aufgeteilt, die je ein Mitglied beider Gruppen umfassen, um die Ausbeute und den Verlauf der Aktivität zu diskutieren (10 Minuten).

XI. Der Anleiter leitet eine gemeinsame Diskussion über die Aktivität. Er vermeidet hierbei festzustellen, welche die „beste" Lösung war und legt statt dessen Wert darauf, den Prozeß, der sich abgespielt hat, zu analysieren.

Variationen:
1.   Die Gruppen können „Arbeiter" und „Leitende Angestellte" darstellen.

2.   Die Lösung eines anderen, relevanteren Problems kann zum Gegenstand der Aktivität gemacht werden.

3.   Ein Teilnehmer kann dazu ernannt werden, Klaus Förster zu spielen, und dann dazu aufgefordert werden, an der Besprechung der „leitenden Angestellten" teilzunehmen (gegebenenfalls erst 15 Minuten nach Beginn der Besprechung).

(Eingeschickt von R.J. Carpenter. Wiedergabe aus The Air Force ROTC Educational Journal" mit freundlicher Genehmigung des Autors.)
(Vol. V, Nr. 158)

NOTIZEN ZU „DIE KRANKMELDUNG":

DIE KRANKMELDUNG — Darstellung des Falles

Hintergrund:

Helmut Schmied ist seit einem halben Jahr Leiter der Abnahme. Er wurde damals aufgrund seines ungewöhnlichen Einsatzes in der Forschungs- und Entwicklungsabteilung befördert. Obwohl seine Untergebenen keinesfalls seine Befähigung zur Abteilungsleiterstellung in Frage stellen, können sie es immer noch nicht verstehen, warum ihr Kollege Klaus Förster, der beste Mann in der Abteilung, übergangen und ein Mann aus einer anderen Abteilung bevorzugt worden war.

Wiedergabe des Geschehens:

Freitag:

Helmut Schmieds Chef bittet Helmut Schmied Freitag morgen darum, vier Tage lang einen guten Mann für die Forschungs- und Entwicklungsabteilung bei ihm ausleihen zu dürfen. Dieser Mann soll mithelfen, ein spezielles Problem zu lösen.

Schmied geht seine Leute durch und entscheidet, daß Klaus Förster der Mann sein mußte, der für diesen speziellen Auftrag am besten geeignet war.

Freitag nachmittag ruft er Förster zu sich in sein Büro und sagt: „Klaus, unser Chef benötigt Hilfe in Verbindung mit einer Spezialaufgabe in der Forschungs- und Entwicklungsabteilung. Ich glaube, daß du dich am besten eignest. Du brauchst nur wenige Tage in der anderen Abteilung zu arbeiten. Montag früh sollst du dort anfangen."

Klaus Förster antwortet darauf: „Warum gerade ich? Ich ziehe die Arbeit vor, die ich im Augenblick ausführe. Bist du etwa unzufrieden mit meiner Arbeit?".

Schmied schüttelt den Kopf und erwidert: „Nein, aber ich habe jetzt leider keine Zeit, die Angelegenheit weiter mit dir zu besprechen. Melde dich bitte Montag früh in der Forschungs- und Entwicklungsabteilung."

Montag morgen:

Der Leiter der Forschungs- und Entwicklungsabteilung ruft Schmied an und sagt: „Ich dachte, du wolltest mir Klaus Förster herüberschicken, um mir zu helfen. Einer unserer Kunden hat mich wirklich unter Druck gesetzt. Förster ist nicht gekommen, und ich brauche seine Hilfe sofort."

Schmied erwidert: „Ich bat Förster darum, sich heute früh bei dir zu melden. Er ist auch nicht hier, und falls er durch irgendetwas verhindert wurde zu kommen, hätte er schon vor 9 Uhr anrufen müssen. Ich bin tatsächlich davon ausgegangen, daß er bereits bei dir arbeitete. Das einzige, was ich jetzt tun kann, ist, dir sofort einen anderen Mann hinüberzuschicken."

Schmied hat gerade den Hörer in die Hand genommen, um Klaus Förster anzurufen, als seine Sekretärin eintritt und ihm mitteilt, daß sie soeben mit Försters Frau gesprochen habe: „Sie sagte, Klaus Förster läge krank und würde wahrscheinlich erst in einigen Tagen wiederkommen können."

Mittwoch morgen:
Schmied leitet eine Besprechung mit seinen Mitarbeitern, muß jedoch den Raum einen Augenblick verlassen, um einen Telefonanruf zu beantworten. Als er zurückkehrt, sagt einer seiner Mitarbeiter, der mit dem Rücken zur Tür sitzt: „Also ich finde, daß Klaus beim gestrigen Fußballspiel einen hervorragenden Einsatz geleistet hat." Alle schweigen betreten, als Schmied eintritt, und während der gesamten weiteren Besprechung weichen alle Mitarbeiter Schmieds Blicken aus.

Schmied weiß, daß seine Mitarbeiter gespannt sind, was er jetzt zu unternehmen gedenkt.

236. GABELLABYRINTH

Zweck:

I. Die Beobachtung der Zusammenarbeit von Führungskräften und Untergebenen an der Lösung einer wettbewerbsartigen Aufgabe.

II. Das Training von Feedback „hier und jetzt".

III. Die Darstellung der Wirkungen unterschiedlicher Führungsstile.

IV. Die Anwendung unterschiedlicher Führungsstile in einer solchen Weise, daß das Ergebnis unmittelbar ersichtlich wird.

Größe der Gruppe:
Wenigstens zwei Gruppen mit jeweils sieben Mitgliedern.

Zeit:
3—7 Stunden.

Hilfsmittel:

I. Ein Gabellabyrinth für jede Gruppe von 7 Mitgliedern. (Das Gabellabyrinth ist in Spielzeuggeschäften erhältlich. Es kostet ungefähr DM 25,-. Herstellerin ist BRIO, S-283 00 Osby, Schweden.)

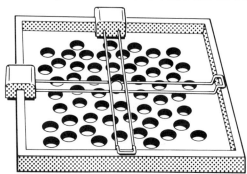

II.	Zwei Augenbinden für jede Gruppe (wie für ein Blindekuh-Spiel).
III.	Ein Exemplar des Aufgabenblattes für jeden Teilnehmer (siehe Seite 44—45).
IV.	Ein Exemplar des Punktberechnungsschemas für jede Gruppe (siehe Seite 46).

Arrangement:
Ein Raum mit einem Tisch für jede Gruppe.

Verfahren:

I.	Der Anleiter händigt jedem Teilnehmer ein Exemplar des Aufgabenblattes (siehe Seite 44—45) aus und erklärt die Anwendung des Gabellabyrinths. Danach erläutert er das Verfahren, nach dem die Punktberechnung erfolgt, in einfacher, für alle verständlicher Weise.
II.	Die Teilnehmer werden in Gruppen mit je 7 Mitgliedern aufgeteilt. Innerhalb jeder Gruppe bilden dann 3 Mitglieder den Betrieb A, 3 Mitglieder den Betrieb B, und ein Mitglied ist Punktberechner.
	Der Anleiter unterstreicht, daß A-Betriebe nur mit anderen A-Betrieben und B-Betriebe nur mit anderen B-Betrieben konkurrieren.
	Der Anleiter gibt jedem Punktberechner ein Punktberechnungsschema und jeder Gruppe zwei Augenbinden.
III.	Jeder A-Betrieb ernennt eines seiner Mitglieder zur ersten Führungskraft, die sich dann wiederum zwei Mitglieder des B-Betriebes als seine Arbeiter wählt. Die übrigen Mitglieder der Gruppen sind Beobachter.
IV.	Der Anleiter händigt jeder Gruppe ein Gabellabyrinth aus (nachdem er sich versichert hat, daß die Gabeln in jedem der Labyrinthe bequem und ungehindert hin- und hergeschoben werden können). Er macht die Teilnehmer darauf aufmerksam, daß sich die Gabeln jedes Labyrinths, falls man sie zu fest gegen ihre Führungen drückt, nur schlecht bewegen lassen.

V.   Die Führungskraft aus dem A-Betrieb leitet ihre Arbeiter durch drei Runden (einen Satz) der Aufgabe. Nach jeder Runde bespricht sie mit den übrigen Mitgliedern ihres Betriebes den Verlauf der Runde und wird von den anderen dazu aufgefordert, entweder so fortzufahren wie bisher oder den Führungsstil zu ändern. Gleichzeitig erhalten die Arbeiter aus dem B-Betrieb Feedback von ihren Kollegen. Der Punktberechner notiert das Ergebnis jeder Runde.

VI.   Die Punkte 3 und 5 werden abwechselnd von den A- und B-Betrieben wiederholt, bis alle Teilnehmer Führungskraft gespielt haben.

VII.   Wenn alle Gruppen ihre 6 Sätze durchgeführt haben, werden sie aufgefordert, die Führungsformen und Arbeitsweisen, die sich bei der Durchführung der Aufgabe ergaben, durchzudiskutieren.

VIII.   Der Anleiter rechnet die endgültigen Punktzahlen aus und gibt bekannt, welche Gruppen der A- und B-Betriebe gewonnen haben.

IX.   Der Anleiter bittet die Teilnehmer ins Plenum zu einer Diskussion über die Aktivität. Hierbei legt er besonderes Gewicht auf folgendes:

a) Welcher Führungsstil schien am effektivsten zu sein, d.h. welcher Führungsstil paßte am besten mit der Arbeitsweise der Arbeiter zusammen?

b) Könnten die Arbeiter Änderungen in den von den Führungskräften benutzten Führungsformen beobachten?
Falls ja, wie faßten sie diese Änderungen auf?
Hatten sie eine nützliche Wirkung?

c) Worin bestanden die Rollen der Führungskräfte und der Arbeiter bei der Festlegung der Ziele und der Durchführung dieser Aufgabe?

d) Nach welchen Kriterien wählte die Führungskraft ihre Arbeiter aus?
Welche Änderungen ergaben sich als Konsequenz der Beförderung eines Arbeiters zur Führungskraft?

Variationen:

I.   Nach dem dritten Satz kann bereits eine Prozeßanalyse und eine gemeinsame Diskussion durchgeführt werden, so daß die Teilnehmer, die anschließend noch die Rolle der Führungskräfte zu übernehmen haben, die bereits gemachten Erfahrungen anwenden können.

(Eingeschickt von J.F. Veiga)
(Vol. V, Nr. 159)

NOTIZEN ZU „GABELLABYRINTH":

GABELLABYRINTH — Aufgabe

Verfahren:
Bei dieser Aufgabe sollen die A-Betriebe miteinander und die B-Betriebe miteinander konkurrieren. Bei der Durchführung der Aufgabe sollen A-Betriebe mit B-Betrieben zusammenarbeiten. Die A-Betriebe stellen den Führungskräften der B-Betriebe Arbeiter zur Verfügung und umgekehrt. Eine Führungskraft aus dem A-Betrieb leitet drei Runden, dann leitet eine Führungskraft aus dem B-Betrieb die nächsten drei Runden und so fort, bis drei Führungskräfte aus jedem Betrieb teilgenommen haben.

Aufgabe:
Die Führungskraft soll zwei Arbeiter leiten, die versuchen, die Labyrinth-Aufgabe zu lösen. Bevor die Arbeiter mit der ersten Runde beginnen, werden ihnen die Augen verbunden, und sie dürfen die Augenbinde erst nach der dritten Runde wieder abnehmen. Die beiden Arbeiter, deren Augen verbunden sind, sollen in Zusammenarbeit je eine Gabel des Labyrinths bewegen.

Die Arbeiter dürfen nur jeweils *eine* Hand zum Führen der Gabel benutzen. Die andere Hand darf zwar auf dem Tisch ruhen, aber die Gabel *nicht* berühren. Die erste Runde dauert 5 Minuten, die zweite und die dritte Runde dauern jeweils 3 Minuten. Es ist nicht erlaubt, vor Beginn der Aufgabe zu üben.

Zielsetzung und Punktberechnung:
Vor jeder Runde muß die Führungskraft angeben, welche Punktzahl sie sich und ihrer Mannschaft als Ziel setzt. Diese Punktzahl kann zwischen 1 und 80 liegen. Diese Zahlen sind auf die Lauffläche des Labyrinths für die Kugel aufgedruckt.

Die Anzahl der erzielten Punkte ist davon abhängig, ob das gesetzte Ziel erreicht wird, ohne daß die Kugel in ein Loch fällt.

Wird das Ziel erreicht, dann entspricht die erreichte Punktzahl der als Ziel gesetzten Punktzahl.

Fällt die Kugel jedoch auf ihrem Weg zum Ziel in eines der Löcher, so ist die erreichte Punktzahl Null.

Wird das Ziel überschritten, so wird die als Ziel gesetzte Punktzahl berechnet; fällt die Kugel jedoch jenseits vom Ziel in ein Loch, ist die Punktzahl wieder Null.

Ergebnis:	Punktzahl:
Ziel nicht erreicht	0
Ziel erreicht	entspricht der als Ziel gesetzten Punktzahl
Ziel überschritten, ohne daß die Kugel in ein Loch fiel	entspricht der als Ziel gesetzten Punktzahl
Ziel überschritten, aber die Kugel fiel in ein Loch	0

Falls die Führungskraft ihr Ziel erreicht, bekommt ihr Betrieb 70% der erzielten Punkte und der Betrieb der Arbeiter 30% der erzielten Punkte zugeteilt.

Auswählen der Arbeiter:
Jede Führungskraft muß sich selbst ihre beiden Arbeiter aus dem anderen Betrieb auswählen. Diese beiden ausgewählten Arbeiter müssen alle drei Runden durchführen. Wenigstens einer dieser Arbeiter darf im vorherigen, aus drei Runden bestehenden Satz nicht Arbeiter gewesen sein.

Beförderung:
Nach jeder zweiten Runde soll die Führungskraft einen der beiden Arbeiter dadurch zum Vorarbeiter ernennen, daß sie ihm die Augenbinde abnimmt, bevor die dritte Runde beginnt.

Unterstützung:
Nach jeder Runde können die Mitglieder eines Betriebes ihre Gruppenmitglieder dadurch unterstützen, daß sie ihnen gute Ratschläge geben und ihnen sagen, wie sie es anstellen sollen, die Punktzahl ihres Betriebes zu erhöhen.

Sieger:
Die Sieger, d.h. die A- und die B-Gruppe, die die höchsten Punktzahlen erzielt haben, werden ermittelt, sobald die Aufgabe durchgeführt ist.

GABELLABYRINTH — Punktberechnung

Als Punktberechner haben Sie 5 Aufgaben:

1. Das Bewerten der erzielten Punkte;

2. das Notieren der Punkte;

3. zu kontrollieren, daß nicht zu viel Zeit gebraucht wird;

4. die Vorbereitung des Gabellabyrinths für die nächste Runde;

5. dafür zu sorgen, daß nach jeder zweiten Runde einem der Arbeiter, der von der Führungskraft zum Vorarbeiter ernannt wurde, die Augenbinde abgenommen wird.

	1. Runde (5 min)			2. Runde (3 min)			3. Runde (3 min)			A-Betrieb Punkte	B-Betrieb Punkte
	Ziel	Punkte	Vert. 70/30	Ziel	Punkte	Vert. 70/30	Ziel	Punkte	Vert. 70/30		
1. Satz F'kraft (A)											
Arbeiter (B)											
2. Satz F'kraft (B)											
Arbeiter (A)											
3. Satz F'kraft (A)											
Arbeiter (B)											
4. Satz F'kraft (B)											
Arbeiter (A)											
5. Satz F'kraft (A)											
Arbeiter (B)											
6. Satz F'kraft (B)											
Arbeiter (A)											

Gesamtpunktzahl: _____ _____

237. TABLETTEN

Zweck:

I.   Die Verfolgung eines Entscheidungsprozesses in einer Gruppe unter starkem physischem und zeitlichem Druck.

II.   Die Untersuchung der Probleme, die in Verbindung mit Gruppenentscheidungen auftreten, durch die einzelne Mitglieder ausgeschlossen werden oder die einzelnen Mitgliedern große Opfer abverlangen.

Größe der Gruppe:

Unbegrenzte Anzahl von Gruppen mit jeweils 4—6 Mitgliedern und mit 1—2 Beobachtern in jeder Gruppe.

Zeit:

Ca. 75 Minuten.

Arrangement:

Ein Tisch und bequeme Stühle für jede Gruppe in einem Raum, der so groß ist, daß sich die Gruppen nicht gegenseitig stören.

Verfahren:

I.   Die Teilnehmer werden in Gruppen mit jeweils 4—6 Mitgliedern und in 1—2 Beobachter für jede Gruppe eingeteilt. Die Gruppen setzen sich so weit wie möglich auseinander.

II.   Der Anleiter informiert die Gruppen, daß sie eine äußerst schwierige Aufgabe lösen sollen.

III.   Der Anleiter gibt den Gruppen folgende Anweisungen:

„Stellen Sie sich vor, daß Sie bei einer Feier gerade vorzüglich gegessen haben. Sie sind satt, zufrieden und guter Laune. Plötzlich erfahren Sie, daß dem Koch bei der Zubereitung des Essens ein furchtbarer Fehler unterlaufen ist. Statt eines Gewürzes enthielt die Vorspeise, die Sie alle gegessen haben, ein gefährliches Gift. Wenn Sie nicht sofort ein Gegengift einnehmen, sind Sie nach 30 Minuten alle tot.

Die einzige Rettungsmöglichkeit besteht also darin, daß Sie eine der Tabletten schlucken, die hier in der Schachtel sind. Ich mache jedoch darauf aufmerksam, daß jede Person, um überleben zu können, spätestens in 30 Minuten *eine ganze Tablette* geschluckt haben muß. Leider können wir aber nicht genügend Tabletten beschaffen. Ein Mitglied der Gruppe kann keine Tablette bekommen."

IV.   Der Anleiter legt eine Schachtel auf den Tisch jeder Gruppe und macht darauf aufmerksam, daß die Teilnehmer genau 30 Minuten Zeit haben, um eine Lösung zu finden. (Die Schachtel soll Bonbons enthalten, und zwar einen Bonbon weniger als die Gruppe Mitglieder hat.)

V.   Wenn alle Gruppen die Aufgabe gelöst haben oder wenn die 30 Minuten vergangen sind (und alle sterben werden), beginnt der Anleiter im Plenum eine Diskussion über die Erfahrung (Beobachter nicht vergessen), deren Schwergewicht bei den unter dem Zweck der Aktivität angegebenen Punkten liegt. Es ist wichtig, daß den Teilnehmern die Möglichkeit gegeben wird, die Gefühle zum Ausdruck zu bringen, die während der Aktivität auf sie einstürmten.

VI.   Die Diskussion wird dadurch abgeschlossen, daß Vergleiche mit entsprechenden, aber weniger „gefährlichen" Entscheidungen im täglichen Leben angestellt werden, z.B. mit Entscheidungen, durch die man Personen, die man sehr schätzt, etwas für sie wichtiges vorenthält oder durch die autonome Gruppen dazu gezwungen werden, ein Mitglied aus irgendeinem Grund auszuschließen und so weiter.

Variation:
Die Schachtel kann zwei Bonbons weniger enthalten als die Gruppe Mitglieder hat.

(Eingeschickt von Helge Olesen und Finn Strandgård Jensen)

NOTIZEN ZU „TABLETTEN":

238. LEGO-BRÜCKE — Wettbewerb zwischen Gruppen

Zweck:

I. Beobachtung des spontanen Herauskristallisierens von Organisationsmustern in Arbeitsgruppen.

II. Beleuchtung des Zusammenhanges zwischen Planung, Ausführung und Ergebnis.

III. Untersuchung des Einflusses von Wettbewerb auf die interne Zusammenarbeit in der Gruppe.

Größe der Gruppe:
Unbegrenzte Anzahl von Gruppen mit jeweils 5—8 Mitgliedern.

Zeit:
Ca. 90 Minuten bis 2 Stunden.

Hilfsmittel:

I. Ein Exemplar der ,,Anweisung'', des ,,Bauvertrages'' und des ,,Auswertungsschemas'' für jeden Teilnehmer (siehe Seite 54—58).

II. Wenigstens 200 Lego-Bausteine für jede Gruppe (das Angebot an Baumaterialien muß für alle Gruppen dasselbe sein).

III. Einen kompletten Satz von Brückenoberbauten (6 Stück) für jede Gruppe. Die Brückenoberbauten können z.B. aus Holz, Masonit oder dickem Karton hergestellt sein. Die Oberbauten müssen alle eine Breite von 100 mm haben. Die Längen (Spannweiten) der sechs Brückenoberbauten sollen 450, 460, 470, 480, 490 bzw. 500 mm betragen.

IV. Flip-over-Bögen, Filzschreiber, Klebstreifen und ein Zollstock für jede Gruppe.

Arrangement:

Ein Raum, der so groß ist, daß sich die Gruppen nicht gegenseitig stören oder beeinflussen.

Der große Raum kann gegebenenfalls für die Einleitung der Aktivität und für die Bauphase benutzt werden, während die Planungsphase in kleineren Gruppenräumen stattfindet.

Verfahren:

I.   Es werden Gruppen mit jeweils 5—8 Mitgliedern gebildet, und jede Gruppe wählt eines ihrer Mitglieder aus, das ausschließlich als Prozeßbeobachter fungieren soll. (Die Arbeitsgruppen sollen nach Möglichkeit gleich groß sein.)

II.   Der Anleiter händigt jedem Teilnehmer eine „Anweisung" und einen „Bauvertrag" aus.

III.   Wenn alle Teilnehmer diese Unterlagen durchgelesen haben, teilt der Anleiter gleiche Sätze von Lego-Bausteinen (die jeweils wenigstens 200 Bausteine umfassen) an die Gruppen aus. Jede Gruppe erhält ferner Flip-over-Bögen, Filzschreiber, Klebstreifen und einen Zollstock.

Der Anleiter unterstreicht, daß die Gruppen kein Angebot für den Bau der Brücke ausarbeiten sollen, sondern daß sie den Brückentyp, den sie bauen möchten, auswählen und den Verdienst des Bauunternehmers errechnen sollen, bevor mit dem Bau begonnen werden kann.

IV.   Der Anleiter teilt mit, daß die Planungsphase begonnen hat, und schreibt den Zeitpunkt an die Tafel.

V.   Wenn die Gruppen dann nach und nach mit ihrer Planung fertig werden, sammelt der Anleiter überflüssige Lego-Bauklötze ein, vergewissert sich, daß die Gruppen keine Brückenteile vorgefertigt haben und notiert die Schlußzeiten für die Planungsphasen der einzelnen Gruppen sowie die Anzahl der eingesammelten Bausteine.

(Falls die Gruppen die Planungsphase nicht nach 35 Minuten abgeschlossen haben, teilt der Anleiter mit, daß sie noch höchstens 5 Minuten Zeit bekommen können. Sobald dann insgesamt 40 Minuten verstrichen sind, müssen alle Gruppen mit der Planung aufhören.)

Beim Übergang zur Bauphase macht der Anleiter darauf aufmerksam, daß jede Sekunde Bauzeit die Gruppe DM 6.667,- kostet.

VI.   Der Anleiter liefert jeder Gruppe einen Brückenoberbau mit der gewünschten Spannweite aus, beantwortet eventuelle Fragen und schreibt den Zeitpunkt für den Beginn der Bauphase an die Tafel.

VII.   Der Anleiter notiert die Zeit, wenn eine Gruppe mit dem Brückenbau fertig ist, und er notiert auch die Anzahl der zurückgelieferten Lego-Bausteine. Dann liefert er dieser Gruppe ein Auswertungsschema aus, so daß diese Gruppe ihr Ergebnis errechnen kann.

VIII.   Wenn alle Gruppen fertig sind, bittet der Anleiter sie darum, jeweils einen Bericht anzufertigen, aus dem ersichtlich ist, wie sie ihren Einsatz verbessern würden, falls sie dieselbe Aufgabe noch einmal lösen dürften. Bei der Ausarbeitung dieser Berichte (ca. 15 Minuten) führt in jeder Gruppe der Beobachter den Vorsitz. Die Zeit, die die Gruppen für die Ausarbeitung dieser Berichte benötigen, nutzt der Anleiter zum Einsammeln der „Auswertungsschemen" aller Gruppen und zum Kontrollieren der zugehörigen Berechnungen aus.

IX.   Anschließend bittet der Anleiter die Teilnehmer ins Plenum. Jede Gruppe legt ihren Bericht vor (siehe Punkt VIII), und die Teilnehmer sprechen die Aktivität durch, wobei u.a. darauf eingegangen wird, wie sich die Gruppen organisierten, um sich den jeweiligen Prozessen anzupassen (Beobachter nicht vergessen).

X.   Zum Schluß gibt der Anleiter die Ergebnisse der von den Gruppen geleisteten Arbeit sowie die Siegergruppe bekannt.

Variationen:

1.   Es können andere Baumaterialien benutzt werden.

2.   Am Arbeitsplatz jeder Gruppe können vor Beginn der Bauphase zwei Tische mit 450 mm Abstand aufgestellt werden, um den Fluß zu veranschaulichen, der überbrückt werden soll.

3.   Es kann eine Schiedsrichtergruppe gebildet und dieser die Ver-

antwortung für die Berechnung der Ergebnisse sowie für den Verkauf/Rückkauf der Baumaterialien gegeben werden.

4. Der Anleiter kann die Gruppe darum bitten, vor Beginn der Bauphase die voraussichtliche Bauzeit anzugeben. Bei Überschreiten dieser vorgegebenen Bauzeit können dann Konventionalstrafen, z.B. in Höhe von DM 40.000,- pro Minute, verhängt werden.

5. Verschiedene Teilnehmer können bestimmte Funktionen ausführen, z.B. Verkauf/Rückkauf von Baumaterialien, Zeitkontrolle, Ergebnisberechnung bzw. spezielle Beobachteraufgaben.

6. Jede Gruppe kann in zwei Untergruppen unterteilt werden, von denen die eine die Planung und die andere den Bau der Brücke ausführt.

7. Den Gruppen können andere Aufgaben als der Brückenbau gestellt werden.

(Eingeschickt von P. Mumford mit Referenz zur REED PAPER GROUP Ltd. Wiedergabe mit freundlicher Genehmigung der CANADIAN TRAINING METHODS, April 1974, Seite 24—25).
(Vol. V, Nr. 161)

NOTIZEN ZU „LEGO-BRÜCKE":

LEGO-BRÜCKE — Anweisung

Erläuterung zur Aufgabe:

Ihre Gruppe stellt eine Arbeitsgruppe innerhalb der Europäischen Brückenbau-Aktiengesellschaft (EB AG) dar. Laut eines angenommenen Vertrages soll diese Gesellschaft eine Brücke zwischen zwei Kleinstädten bauen, die auf je einer Seite eines Nebenflusses des Rheins liegen. Die Brücke soll gebaut werden, weil die alte Brücke durch eine Überschwemmung schwer beschädigt wurde. Der Nebenfluß ist an der Stelle, wo die Brücke gebaut werden soll, 450 mm breit. Untersuchungen haben erwiesen, daß im eigentlichen Flußbett keine Brückenpfeiler angeordnet werden können. Der Oberbau der neuen Brücke muß deshalb eine selbsttragende Konstruktion sein, die den Fluß von Ufer zu Ufer überspannt.

Die Aufgabe soll in zwei Phasen gelöst werden:

Phase I: Zuerst sollen Sie die Brücke planen, konstruieren und einen Kostenanschlag ausarbeiten.

Phase II: Anschließend sollen sie die Brücke bauen.

Phase I:

Sie haben 40 Minuten Zeit, sich zu entscheiden, wie Sie die Brücke bauen wollen, und zu berechnen, wie hoch der Verdienst Ihrer Gesellschaft sein wird, wenn die Brücke fertig ist.

Bevor die 40 Minuten abgelaufen sind, muß Ihre Gruppe dem Anleiter mitteilen, für welchen Brückentyp, d.h. für welche Länge und Höhe des Brückenoberbaus, sich Ihre Gruppe entschieden hat und wie hoch der zu erwartende Verdienst sein wird.

Sobald der Anleiter diese Informationen erhalten hat, werden alle überflüssigen Baumaterialien eingesammelt, die Planungszeit wird notiert und der eigentliche Bau der Brücke kann beginnen.

Während der Berechnung und der Konstruktion der Brücke ist es erlaubt, die ausgelieferten Baumaterialien zu benutzen, um die projektierte Konstruktion auszuprobieren, aber es ist nicht erlaubt, im Laufe dieser Planungsphase bereits Teile der Brücke für die eigentliche Bauphase vorzufertigen.

Bevor die Planungsphase als abgeschlossen gelten darf, müssen alle vorläufigen Konstruktionen wieder in die einzelnen Bausteine zerlegt worden sein.

Phase II:

Sie erhalten alle Materialien, die Sie zum Bau der Brücke benötigen, und die Bauzeit wird genau gemessen werden.

Es ist nicht erlaubt, andere Materialien als Lego-Bausteine und den gewählten Brückenoberbau zu verwenden.

Ermittlung des Ergebnisses:

Die Berechnung des Verdienstes/Defizits der Brückenbaugesellschaft erfolgt nach den Bestimmungen des Bauvertrages.

Die Gruppe, die den höchsten Verdienst herauswirtschaftet, hat gewonnen.

LEGO-BRÜCKE — Bauvertrag

Skizze:

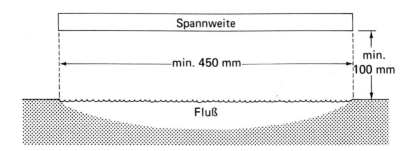

Auf jedem Flußufer soll im Anschluß an die Brückenwiderlager eine Zu- und Abfahrtsrampe gebaut werden. Diese Zu- und Abfahrtsrampen müssen jeweils eine Länge haben, die wenigstens der Spannweite des Brückenoberbaus entspricht.

Vertragssumme für die Brücke:

Spannweite des Brückenoberbaus (mm)	Freie Höhe unter dem Brückenoberbau (mm)	Preis DM
450	100	7.600.000
460	110	7.800.000
470	120	8.040.000
480	130	8.520.000
490	140	9.200.000
500	150	10.000.000

Kosten:

Grundstücke an den Flußufern: Werden von den Städten kostenlos zur Verfügung gestellt.

Bau des Brückenoberbaus: Sie sollen nur die Brückenwiderlager und die Zu- und Abfahrtsrampen bauen. Der Brückenoberbau wird von einer anderen Gesellschaft geliefert (ohne Verdienst und ohne Kosten für die EB AG).

Planung:	Die Planung, Berechnung und Konstruktion (Phase I) der Brücke kostet DM 40.000,- pro Minute.
Baukosten:	a) Löhne usw.: DM 400.000,- pro Minute Bauzeit

b) Materialien: DM 20.000,- für jeden Lego-Baustein (ungeachtet seiner Größe), der vor Beginn des Brückenbaus gekauft wird.

DM 24.000,- für jeden Lego-Baustein (ungeachtet seiner Größe), der nach Beginn des Brückenbaus eingekauft wird.

DM 10.000,- werden für jeden unbenutzten Lego-Baustein, der während der Bauphase an den Lieferanten zurückgeliefert wird, zurückgezahlt.

LEGO-BRÜCKE — Auswertungsschema

(A)	Planungszeit in Minuten (Phase I)	
(B)	Planungskosten (A) x 40.000	
(C)	Vor Baubeginn eingekaufte Materialien (Anzahl Lego-Bausteine)	
(D)	Materialeinkauf in DM (C) x 20.000	
(E)	In der Bauphase eingekaufte Materialien (Anzahl Lego-Bausteine)	
(F)	Zusätzliche Materialeinkäufe in DM (E) x 24.000	
(G)	Bauzeit in Minuten	
(H)	Löhne usw. in DM (G) x 40.000	
(I)	Summe von (B) + (D) + (F) + (H)	
(J)	Anzahl zurückgelieferter Lego-Bausteine	
(K)	Überschüssige Baumaterialien in DM (J) x 10.000	
(L)	Gesamtkosten (I) − (K)	
(M)	Vertragssumme in DM	
(S)	Ergebnis in DM (M) − (L)	
(T)	Erwartetes Gruppenergebnis	
	Differenz (S) − (T)	

239. HOLZSTÄBCHEN UND TRINKHALME

Zweck:
I.   Die Darlegung der drei Führungsstile: autokratisch, Laisser-faire und demokratisch.

II.   Das Hinleiten der Aufmerksamkeit darauf, welchen Einfluß der Führungsstil auf die Zusammenarbeit der Gruppenmitglieder und die Arbeitsergebnisse der Gruppe (auf kurze Sicht) hat.

III.   Die Untersuchung von Wettbewerbsphänomenen zwischen Gruppen.

Größe der Gruppe:
Unbegrenzte Anzahl von Gruppen mit jeweils 6—7 Mitgliedern. Im Beispiel ist die Teilnahme von wenigstens 6 Gruppen vorausgesetzt.

Zeit:
Ca. 2 Stunden.

Hilfsmittel:
I.   Ein Päckchen Kunststoff-Trinkhalme für jede Gruppe (ca. 100 Trinkhalme).

II.   Eine Rolle Klebstreifen für jede Gruppe.

III.   Ein Päckchen Holzstäbchen (ca. 100 Stück) für jede Gruppe. (Die Holzstäbchen können eventuell aus kleinen Zweigen von Bäumen oder Büschen hergestellt werden. Sie müssen 2—3 cm lang und nur so dick sein, daß sie sich in die Trinkhalme hineinstecken lassen.)

IV.   Eine „Anweisung für Gruppenleiter" für jeden Gruppenleiter, d.h. jeder von ihnen darf selbstverständlich nur eine Anweisung erhalten, die sich auf einen einzigen Führungsstil bezieht.

V.	Eine „Anweisung für Teilnehmer" und ein Bewertungsschema für jeden Teilnehmer. Ein Beobachtungsschema für den Beobachter.
VI.	Ein ca. 100 cm x 50 cm großes Stück Karton für jede Gruppe als Unterlage für die Skulptur.

Arrangement:

Ein Gruppenraum für jede Gruppe sowie ein großer Raum für alle Gruppen, in dem je ein Tisch für die Skulpturen der Gruppen vorhanden ist.

Verfahren:

I.	Es werden Gruppen mit jeweils 6—7 Mitgliedern gebildet.
II.	Ein Mitglied jeder Gruppe wird zum Beobachter ernannt. Der Anleiter händigt jedem Beobachter ein Beobachtungsschema aus.
III.	Ein Mitglied jeder Gruppe wird zum Gruppenleiter ernannt. Alle Gruppenleiter begeben sich zum Anleiter, um von diesem ihre Anweisungen zu erhalten.
IV.	Der Anleiter informiert die Gruppenleiter über die zu lösende Aufgabe und händigt ihnen die Hilfsmittel und schließlich je eine „Anweisung für Gruppenleiter" aus.

Der Anleiter fordert die Gruppenleiter dazu auf, die Anweisung soweit wie möglich zu befolgen und darauf zu achten, daß kein anderer sie liest.

(In diesem Beispiel bekommen zwei Gruppenleiter die Autokratie-Anweisung, zwei Gruppenleiter die Laisser-faire-Anweisung und zwei Gruppenleiter die Demokratie-Anweisung.)

Nehmen mehr als 6 Gruppen an der Aktivität teil, so sollte jeder Führungsstil möglichst gleich oft vertreten sein.

Für den Anleiter kann es bei der Analyse der Erfahrung eine Stütze sein, wenn er die Gruppen folgendermaßen numeriert: Gruppe 1 = autokratisch, Gruppe 2 = laisser-faire, Gruppe 3 = demokratisch, Gruppe 4 = autokratisch, Gruppe 5 = laisser-faire usw.

V.   Der Anleiter informiert alle Teilnehmer, daß die Aufgabe jeder Gruppe darin besteht, unter der Leitung eines Gruppenleiters eine Skulptur aus Trinkhalmen und Holzstäbchen zu bauen. Zur Lösung der Aufgabe stehen 20 Minuten Zeit zur Verfügung. Anschließend wird jede Skulptur nach ihrer Höhe, ihrer Festigkeit und ihrem Aussehen bewertet werden.

VI.   Wenn die 20 Minuten vergangen sind, händigt der Anleiter jedem Teilnehmer (mit Ausnahme der Beobachter) ein Exemplar des Bewertungsschemas aus und bittet die Gruppenmitglieder darum,

   a. die Arbeit der Gruppe individuell auf dem Schema zu bewerten und
   b. anschließend als Gruppe die Summe der Bewertungen der einzelnen Mitglieder sowie den Durchschnitt zu berechnen.

VII.   Die Gruppen bringen hiernach ihre Skulpturen in den großen Raum.

VIII.   Nachdem sich alle die ausgestellten Skulpturen betrachtet haben, werden diese durch Abstimmung bewertet, und zwar nach folgenden drei Kriterien:

   Höhe
   Stabilität und Festigkeit
   Aussehen

   Jedes Mitglied darf pro Kriterium nur eine Stimme abgeben, und zwar durch Handaufheben. Während der Abstimmung müssen die Mitglieder ihre Augen geschlossen halten.

IX.   Der Anleiter schreibt die Abstimmungsergebnisse und die dem Bewertungsschema entnommenen Ergebnisse an die Tafel, z.B. in einem Schema wie dem nachstehenden.

	Bewertungsschema			Abstimmung				Führungs-stil
Gruppe	Lei-tung	Teil-nahme	Skulp-tur	Höhe	Stab./Festig-keit	Aus-sehen	Ins-gesamt	
1 usw.								

61

X. Anschließend liest der Anleiter die „Anweisung für Gruppenleiter" laut vor, notiert den in jeder Gruppe benutzten Führungsstil im Schema und leitet eine Diskussion über die Informationen, die die Erfahrung erbracht hat, z.b.:

a. Wie genau folgten die einzelnen Gruppenleiter ihren Anweisungen? (Falls ein Gruppenleiter, der laut Anweisung einen autokratischen Führungsstil benutzen sollte, in Wirklichkeit einen demokratischen oder Laisser-faire-Führungsstil verwendet hat, sollte dieses ins Schema eingetragen werden.)

b. Hatte der Führungsstil irgendwelchen Einfluß auf die Bewertung der von der Gruppe ausgeführten Arbeit durch die eigenen Mitglieder?

c. Hatte der Führungsstil Einfluß auf die Abstimmungsergebnisse?

d. Hatte der Führungsstil Einfluß auf Teilnahme der Mitglieder an der Gruppenarbeit?

e. Welchen Einfluß hatte die Zeitnot auf die Gruppen, die nach verschiedenen Führungsstilen arbeiteten?

XI. Der Anleiter bittet die 6 Gruppen darum, jeweils in ihren Raum zurückzugehen und dort eine Diskussion zu führen, bei der der Beobachter den Vorsitz führt. Der Beobachter gibt jedem Mitglied seiner Gruppe ein Exemplar der „Anweisung für Teilnehmer" (30 Minuten).

Variationen:

1. Statt durch Abstimmung können die Skulpturen von Punktrichtern bewertet werden.

2. Bei der Abstimmung können die Teilnehmer ihre Augen offen behalten, oder die Abstimmung kann mit Hilfe von Stimmzetteln erfolgen.

3. Die Bewertung kann nach anderen Kriterien erfolgen, wie z.B. Zusammenarbeit, Kreativität, Schnelligkeit usw.

4. Für die Durchführung der Aktivität können andere Hilfsmittel oder auch andere Aufgaben verwendet werden.

(Eingeschickt von H.L. Fromkin)
(Vol. V, Nr. 162)

NOTIZEN ZU „HOLZSTÄBCHEN UND TRINKHALME":

HOLZSTÄBCHEN UND TRINKHALME — Anweisung für Gruppenleiter

Ihre Aufgabe besteht darin, die Gruppe so diktatorisch wie überhaupt möglich zu leiten.

Es ist wichtig, daß Sie sich an diese Führungsform halten, ohne Ihre Gruppe darüber zu informieren.

Vermeiden Sie konsequent, irgendwelche Vorschläge von Gruppenmitgliedern anzunehmen. Wird ein guter Vorschlag gemacht, dann ändern Sie diesen etwas und präsentieren Sie ihn als **Ihre** eigene Idee.

Leiten Sie die Arbeit durch Erteilen von Befehlen und sorgen Sie dafür, daß diese Befehle ausgeführt werden.

Die Skulptur soll ausschließlich nach **Ihrem** Kopf gebaut werden. Halten Sie sich bitte dabei vor Augen, daß sich die Skulptur später in den großen Raum transportieren lassen muß.

Ihre Aufgabe besteht darin, die Gruppe so weit wie überhaupt möglich nach demokratischen Gesichtspunkten zu leiten.

Es ist wichtig, daß Sie sich an diese Führungsform halten, ohne Ihre Gruppe darüber zu informieren.

Wenn ein Vorschlag gemacht wird, dann untersuchen Sie, wieviele Mitglieder diesen Vorschlag stützen. Sie dürfen auch selbst gerne Vorschläge machen und ebenso gerne Änderungsvorschläge entgegennehmen. Sorgen Sie dafür, daß ein Vorschlag vom größten Teil der Gruppenmitglieder befürwortet werden kann, bevor Sie ihn in die Tat umsetzen.

Die Skulptur soll nach den Ideen **der gesamten Gruppe** (einschließlich Ihrer eigenen Ideen) gebaut werden.

Halten Sie sich bitte dabei vor Augen, daß sich die Skulptur später in den großen Raum transportieren lassen muß.

Fertigen Sie eine Ablichtung der Seite an und zerschneiden Sie sie dann zu Zetteln mit den einzelnen Informationen!

HOLZSTÄBCHEN UND TRINKHALME — Anweisung für Gruppenleiter

Ihre Aufgabe besteht darin, Ihre Gruppe nach den Gesichtspunkten des Laisser-faire zu leiten (d.h. Ihre Gruppe bei der Lösung der Aufgabe so weit wie möglich gewähren zu lassen).

Es ist wichtig, daß Sie sich an diese Führungsform halten, ohne Ihre Gruppe darüber zu informieren.

Vermeiden Sie sorgfältig, der Gruppe irgendwelche Vorschläge zu machen, was sie tun soll und wie sie es tun soll.

Lassen Sie die Gruppe tun und lassen, was sie will.

Die Skulptur soll allein nach den Ideen **Ihrer Gruppe** gebaut werden.

Halten Sie sich bitte dabei vor Augen, daß sich die Skulptur später in den großen Raum transportieren lassen muß.

Fertigen Sie eine Ablichtung der Seite an und zerschneiden Sie sie dann zu Zetteln mit den einzelnen Informationen!

HOLZSTÄBCHEN UND TRINKHALME — Beobachtungsschema

Ihre Aufgabe besteht darin, die Arbeitsweise der Gruppe zu beobachten. Sie dürfen an der Arbeit der Gruppe nicht teilnehmen. Setzen Sie sich so, daß Sie alle Gruppenmitglieder im Auge behalten können. Tragen Sie Ihre Beobachtungen in dieses Schema ein.

1. Wer war Gruppenleiter?

2. Beschreiben Sie seinen Führungsstil. Geben Sie einige Beispiele, die diesen Führungsstil veranschaulichen.

3. Beschreiben Sie das Verhalten der Mitglieder, das Ihrer Ansicht nach Verbindung mit dem Führungsstil hat. Führen Sie einige Beispiele (mit den Namen der betreffenden Teilnehmer) an.

4. Beschreiben Sie das Klima oder die Atmosphäre in der Gruppe. Geben Sie einige Beispiele, die dieses Klima veranschaulichen.

5. Beschreiben Sie, wie intensiv die einzelnen Teilnehmer an der Arbeit teilnahmen.

6. Beschreiben Sie einige typische Beispiele (mit den Namen der betreffenden Teilnehmer) für die Teilnahme der einzelnen Mitglieder.

Nachdem die gebauten Skulpturen präsentiert und bewertet worden sind, sollen Sie eine 30 Minuten lange Diskussion in der Gruppe leiten (siehe „Anweisung für die Teilnehmer").

Sie sollen dabei der Gruppe Ihre Beobachtungen vorlegen, dürfen aber keineswegs die Diskussion dominieren.

HOLZSTÄBCHEN UND TRINKHALME — Anweisung für die Teilnehmer

(Benutzen Sie die nächsten 30 Minuten, um die soeben gelöste Aufgabe durchzusprechen.)

Richtfragen für die Gruppendiskussion:

Eigene Gruppe:

I.   Wie empfanden Sie das Arbeiten unter diesem Führungsstil?

II.   Wie fühlte sich der Gruppenleiter bei der Anwendung dieses Führungsstils?

III.   Welche Reaktionen auf diesen Führungsstil könnte man erwarten? Vorteile und Nachteile dieses Führungsstils? Kamen sie während der Arbeit klar zum Ausdruck?

IV.   War die durchgeführte Aktivität ein Anlaß dazu, daß Sie sich an andere bekannte Reaktionen auf Führungsstile erinnerten? An welche bekannte Reaktionen?

V.   Führte die Aktivität zu „neuen" Reaktionen auf Führungsstile? Welche?

Alle Gruppen:

I.   Was wurde während dieser Reaktion bestätigt oder entkräftet?

II.   Wie hängt das, was wir erlebt haben, mit unserem eigenen Führungsstil zusammen?

III.   Welcher Zusammenhang besteht mit den Führungsstilen, denen wir im täglichen Leben begegnen?

HOLZSTÄBCHEN UND TRINKHALME — Bewertungsschema

I.   Bewerten Sie, und zwar ohne sich mit anderen zu beraten, die Arbeit der Gruppe nach folgenden Gesichtspunkten. (Kreisen Sie die jeweiligen Zahlen auf den drei Skalen ein):

A. Zufriedenheit mit dem Gruppenleiter

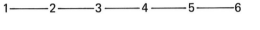

Der Gruppen-
leiter machte
seine Sache
ganz und gar
nicht zufrie-
denstellend

Der Gruppen-
leiter machte
seine Sache
äußerst zufrie-
denstellend

B. Beurteilung Ihrer eigenen Teilnahme

Ich habe
praktisch
nichts ge-
leistet

Ich habe mein
möglichstes
getan

C. Zufriedenheit mit der Skulptur

Die Skulptur,
die wir gemacht
haben, ist sehr
schlecht

Ich bin mit un-
serer Skulptur
äußerst zufrie-
den

II. Berechnen Sie die Summe und den Durchschnitt der von den Gruppenmitgliedern vorgenommenen Bewertungen.

	Summe	Durchschnitt
Skala A		
Skala B		
Skala C		

240. MALBUCH — Ein Organisationsexperiment

Zweck:
Die Teilnehmer sollen den Zusammenhang zwischen Organisation und Arbeitsergebnis kennenlernen.

Größe der Gruppe:
Wenigstens 13 Teilnehmer (zwei gleich große Gruppen mit jeweils 5—7 Mitgliedern zuzüglich drei Personen für die Rollen des Schiedsrichters/Zeitnehmers/Auftraggebers).

Zeit:
Ca. 90 Minuten.

Hilfsmittel:

I. Eine Schachtel mit 8 verschiedenen Farbstiften für jeden Teilnehmer (gleichartige Sätze).

II. Ca. 100 Exemplare der Umschlagseite für das Malbuch im Format DIN A4 für jede Gruppe.

III. Auftrag und Produktionsbedingungen für jede Gruppe.

Arrangement:
Ein Gruppenraum mit Tisch und Stühlen für jede Gruppe.

Verfahren:

I. Der Anleiter informiert die Teilnehmer über die Aufgabe und den Zweck der Aktivität.

II. Der Anleiter wählt drei Teilnehmer aus, die die kombinierte Rolle als Schiedsrichter/Zeitnehmer/Auftraggeber spielen sollen.

Die übrigen Teilnehmer werden in zwei gleich große Gruppen eingeteilt, die als A-Gruppe bzw. B-Gruppe bezeichnet werden.

III.   Wenn sich die Gruppen etabliert haben, gibt der Anleiter jeder Gruppe 10 Exemplare der Umschlagseite des Malbuches und jedem Teilnehmer eine Schachtel mit Farbstiften.

Der Anleiter erläutert, daß die Aufgabe der Gruppe darin besteht, sich zu entscheiden, wie die Zeichnung auf der Umschlagseite des Malbuches ausgemalt werden soll. Die Gruppe soll erwägen, wie sich diese Umschlagseite farblich ausgestalten läßt, damit sie zugleich ansprechend aussieht und sich leicht produzieren läßt, weil die Gruppe später eine Massenproduktion der Umschlagseite durchführen soll.

Jede Gruppe soll die farbliche Ausgestaltung der Umschlagseite, für die sie sich entscheidet, in 5-facher Ausfertigung herstellen und die Exemplare mit der Bezeichnung ihrer Gruppe kennzeichnen (A, B usw.). Die Schiedsrichter entscheiden dann, welcher Vorschlag benutzt werden soll.

IV.   Jede Gruppe liefert ihre fünf Kopien an die Schiedsrichter ab, die dann einen der von den Gruppen gemachten Vorschläge als Grundlage für die Malbuchproduktion auswählen.

Die Schiedsrichter sollen ihre Wahl nach folgenden Kriterien treffen: a) Absatzbegünstigendes Aussehen, b) Produktionsfreundlichkeit.

V.   Während die Schiedsrichter die Vorschläge beurteilen, diskutieren die Gruppen den Prozeß, der sich abgespielt hat:

1. Wie sich ihre Mitglieder organisierten, um die Aufgabe lösen zu können.

2. Inwieweit die Organisationen zum Schwierigkeitsgrad der Aufgabe und den Ressourcen der einzelnen Mitglieder paßten.

(Während dieser Diskussion sammelt der Anleiter die Schachteln mit den Farbstiften und die überschüssigen Exemplare der Malbuch-Umschlagseiten ein.)

VI.   Die Schiedsrichter geben ihre Entscheidung bekannt, und der Anleiter teilt mit, daß der Entwurf der Siegergruppe in Massenproduktion hergestellt werden soll.

VII.   Der Anleiter händigt jeder Gruppe ein Exemplar der von der Siegergruppe ausgestalteten Malbuch-Umschlagseite aus.

Jede Gruppe soll nun anhand dieses Modells Malbuch-Umschlagseiten produzieren.

VIII.   Jede Gruppe erhält ein Exemplar des Blattes „Auftrag und Produktionsbedingungen" (siehe Seite 76), und die Gruppen sollen darin wetteifern, die Malbuch-Umschlagseiten so zu produzieren, daß sie den größtmöglichen Gewinn für sich herauswirtschaften.

Der Auftraggeber hat jede Gruppe mit der Herstellung von 6 x 10 Umschlagseiten unter den angegebenen Produktionsbedingungen beauftragt.

Die Gruppen können vorgedruckte Umschlagseiten für DM 0,60 pro Stück und Farbstifte zu DM 6,00 pro Schachtel kaufen.

Der Anleiter teilt mit, daß es noch zwei andere Faktoren gibt, die berücksichtigt werden müssen:

a) Der Auftraggeber bezahlt nur für die Exemplare, die in ihrer Qualität dem Modell entsprechen.

b) Falls die gesamte, in Auftrag gegebene Anzahl von 60 Stück nicht innerhalb von 20 Minuten hergestellt wird, bezahlt der Auftraggeber nur DM 1,20 pro Stück.

IX.   Die Gruppen haben 10 Minuten Zeit, um die Produktion zu planen und Rohwaren „einzukaufen". (In diesem Zeitraum darf noch nicht mit der Produktion begonnen werden.)

Die Schiedsrichter spielen in der Produktionsphase die Rolle von Zeitnehmern. Alle hergestellten Malbuch-Umschlagseiten müssen auf der Rückseite mit der Gruppenbezeichnung gekennzeichnet werden.

X.   Die Produktion der Malbuch-Umschlagseiten beginnt. Wenn die Gruppen die 60 Exemplare hergestellt haben oder die 20 Minuten Produktionszeit abgelaufen sind, teilen die Zeitnehmer mit, wieviel Zeit jede Gruppe gebraucht hat.

Anschließend wechseln die Zeitnehmer ihre Rolle und spielen

dann Auftraggeber.

XI.   Die Gruppen liefern ihre Produktion an die Auftraggeber ab, die entscheiden, wieviele Exemplare der von den Gruppen hergestellten Malbuch-Umschlagseiten sie abnehmen können bzw. verwerfen müssen.

Während die Auftraggeber sich damit beschäftigen, führen die Gruppen eine Prozeßanalyse der Produktionsphase durch.

XII.   Die Gruppen nehmen eine Nachkalkulation ihrer Produktion vor und rechnen ihren Gewinn bzw. Verlust aus.

Die Gruppe, die den höchsten Gewinn erzielt hat, wird als Sieger ausgerufen.

XIII.   Der Anleiter leitet schließlich eine Diskussion über die Aktivität, an der alle teilnehmen. Bei dieser Diskussion wird besonders der Einfluß untersucht, den die Organisationsform auf das Ergebnis hatte.

Der Anleiter kann sich gegebenenfalls darüber äußern, ob die Lösung der Aufgabe dem üblichen Muster für derartige Aufgaben entsprach:

Der erste Teil der Aufgabe (die Planung) wird oft dadurch gekennzeichnet, daß spontan eine flexible, kreative Organisation mit ausgezeichneten Möglichkeiten der internen Kommunikation gebildet wird.

Der zweite Teil der Aufgabe (die Produktion) wird oft dadurch gekennzeichnet, daß spontan oder nach reiflicher Überlegung eine straffe, hochstrukturierte Organisation mit fester Führung und wenigen internen Kommunikationsmöglichkeiten gebildet wird.

Variationen:
1.   Das Kriterium für die Auswahl der Siegergruppe kann statt der größten Gewinnspanne die hergestellte Quantität sein, d.h. Sieger wird die Gruppe, die in der zur Verfügung stehenden Zeit die meisten Umschlagseiten hergestellt hat.

2.   Die Aktivität kann noch eine zusätzliche Phase, und zwar eine

Angebotphase, umfassen. Die Mitglieder der Gruppe, die den Auftrag nicht erhält, können dann in der Produktionsphase als Beobachter arbeiten.

3. Die Aktivität kann um die Herstellung eines anderen Erzeugnisses aufgebaut werden.

(Ausgearbeitet auf Grundlage von Material nach M.J. Miller)
(Vol. V, Nr. 163)

NOTIZEN ZU „MALBUCH — Ein Organisationsexperiment":

THE MAGIC LAND

COLORING BOOK

MALBUCH — Auftrag und Produktionsbedingungen

Auftrag:
6 x 10 Stück (10 Stück DM 15,-, 1 Stück DM 1,50)

Liefertermin:
20 Minuten nach Produktionsbeginn.

Konventionalstrafe bei Überschreiten des Liefertermins:
Der Betrag für die gelieferten Malbücher wird um DM 0,30 pro Stück reduziert (auf DM 1,20 pro Stück).

Produktionskosten:

Umschlagseiten-Vordruck	— DM 0,60 pro Stück
Farbstifte	— DM 6,00 pro Schachtel mit 8 Stück
Arbeitslohn u.a.m.	— DM 1,50 pro begonnene Minute

Nachkalkulation

Einnahmen:

.... Stück a DM ....   DM ....

Unkosten:

.... Stück Vordrucke a DM 0,60   DM ....

.... Schachteln Farbstifte a DM 6,00   DM ....

Arbeitslöhne u.a.m. .... Minuten a DM 1,50   DM ....

Gesamtkosten   DM ....

Gewinn oder Verlust DM ....

241. PRÜFUNG — Wettbewerb zwischen Gruppen

Zweck:

I.   Die Teilnehmer sollen erfahren, wie sich das Fehlen von Kommunikation in einer Wettbewerbssituation auswirkt.

II.   Es soll veranschaulicht werden, wie abhängig konkurrierende Gruppen voneinander sind und welche Anforderung an Zusammenarbeit in einer Wettbewerbssituation gestellt sind.

III.   Es soll veranschaulicht werden, wie die Konkurrenz von Gruppen innerhalb einer Organisation die erfolgreiche Durchsetzung ihrer Ziele und Funktionen gegenüber anderen erschwert bzw. verhindert.

Größe der Gruppe:

Unbegrenzte gerade Anzahl von Gruppen mit jeweils 3—7 Mitgliedern. Die Gruppen sollen nach Möglichkeit gleich groß sein.

Zeit:

Ca. 2 Stunden.

Hilfsmittel:

Ein Satz Fragezettel, ein Satz Antwortzettel und ein Satz Anweisungen für jede Gruppe. Die Texte für die einzelnen Frage- und Antwortzettel sind auf den nachfolgenden Seiten enthalten, und zwar sind sie so geschrieben, daß die Seiten abgelichtet, zerschnitten und die zu den einzelnen Zetteln gehörenden Texte dann jeweils auf Zettel geeigneter Größe aufgeklebt werden können.

Arrangement:

Ein Raum, der so groß ist, daß keine Gruppe hören kann, was die Mitglieder der mit ihr konkurrierenden Gruppe besprechen.

Verfahren:

I. Die Teilnehmer werden in eine gerade Anzahl gleich großer Gruppen eingeteilt. Überzählige Teilnehmer können Beobachter sein und jeweils konkrete Aufgaben zugeteilt bekommen.

Je zwei miteinander konkurrierende Gruppen plazieren sich im Sitzungsraum so weit wie möglich voneinander entfernt.

II. Der Anleiter teilt mit, daß die Aktivität aus einer Prüfung in Allgemeinwissen und in strategischem Geschick bestehen soll. Jede Gruppe soll eine 10 Fragen umfassende Prüfung für eine andere Gruppe formulieren. Die andere Gruppe formuliert gleichzeitig eine entsprechende Prüfung für die erste Gruppe.

Die 10 Fragen, aus denen die Prüfung besteht, werden nacheinander einzeln ausgehändigt. Punkte können nur bei richtiger Beantwortung erzielt werden. Eine Gruppe muß insgesamt wenigstens 100 Punkte erzielen, um die Prüfung zu bestehen und eine Chance für den Sieg zu haben.

Die Gruppe, die die höchste Punktzahl erreicht, ist Sieger.

III. Der Anleiter vergewissert sich, daß sich jede Gruppe klar darüber ist, welcher Gruppe sie ihre Fragen stellen soll und die Fragen welcher Gruppen sie beantworten soll. Gleichzeitig kontrolliert er, daß die Gruppen, die miteinander konkurrieren sollen, so weit wie möglich voneinander entfernt sind.

IV. Der Anleiter teilt die Fragezettel, die Antwortzettel und die Anweisungen an alle Gruppen aus. Er liest die Grundregeln laut vor und vergewissert sich, daß alle Teilnehmer die Grundregeln und den Ablauf der Aktivität verstanden haben. Der Anleiter beantwortet **keine** Fragen nach der zu benutzenden Strategie.

V. Der Anleiter teilt mit, daß die Gruppen 10 Minuten Zeit haben, um ihre Strategie zu planen und die erste Frage zu formulieren.

Er unterstreicht, daß für die Formulierung jeder weiteren Frage nur jeweils 3 Minuten und für die Beantwortung jeder Frage jeweils 4 Minuten zur Verfügung stehen. Die Fragezettel müssen mitten im Raum ausgetauscht werden, und die Boten der Gruppen, die diesen Austausch vornehmen, dürfen nicht miteinander sprechen.

VI. Die Gruppen beginnen mit der Arbeit. Nach 10 Minuten bittet der Anleiter die Gruppen innezuhalten und jeweils einen Repräsentanten in die Mitte des Raumes zu schicken und dort mit dem Repräsentanten der konkurrierenden Gruppe (schweigend) Fragezettel auszutauschen.

VII. Die Gruppen haben 4 Minuten Zeit, um die erste Frage zu beantworten.

VIII. Danach haben die Gruppen 3 Minuten Zeit, um die zweite Frage zu formulieren, und weitere 4 Minuten, um die zweite Frage der konkurrierenden Gruppe zu beantworten. Der Anleiter erwähnt, daß die richtige Beantwortung der zweiten Frage mit 10 Punkten bewertet wird.

IX. In jeder Runde sagt der Anleiter an:

a) 3 Minuten zum Formulieren der Frage
b) 4 Minuten zum Beantworten der Frage
c) mit wievielen Punkten die korrekte Beantwortung der Frage bewertet wird
d) auf welches Gebiet sich die Frage bezieht.

X. Vor der dritten, der sechsten und der neunten Runde macht der Anleiter darauf aufmerksam, daß jede Gruppe ihrer konkurrierenden Gruppe auf dem Antwortzettel mitteilen kann, daß sie eine Besprechung zwischen ihrem Repräsentanten mit dem Repräsentanten der anderen Gruppe wünscht.

Nur wenn beide konkurrierenden Gruppen an einer derartigen Besprechung zwischen Repräsentanten interessiert sind, kann die Besprechung stattfinden.

Während der Besprechung der Repräsentanten können die Mitglieder der Gruppen untereinander besprechen, was sie wollen.

XI. Nach der zehnten Runde leitet der Anleiter eine Analyse der Aktivität, z.B. an Hand folgender Fragen:

a) Was geschah? Wie haben Sie das Geschehene erlebt?

b) Was war an diesem Wettbewerb empfehlenswert? Empfahl es sich, leichte oder schwere Fragen zu formulieren?

c) Mit wem befanden Sie sich eigentlich im Wettbewerb, mit der Partnergruppe oder mit den anderen Gruppen?

d) Haben Sie schon früher einmal diese Wettbewerbsform beobachten können? Wenn ja, in welchen Situationen?

e) Welche Faktoren, Bedingungen und Umstände machten es schwer, mit der Partnergruppe zusammenzuarbeiten, aber leicht, mit ihr zu konkurrieren?

f) Sind Ihnen früher schon einmal ähnliche Wettbewerbsbedingungen begegnet? Wo? Worum wurde gewetteifert?

XII.   Der Anleiter bittet die Gruppen (und eventuelle Beobachter), die Prozesse zu kommentieren, die sich abspielten.

XIII.   Der Anleiter schreibt die von den Gruppen erzielten Punktzahlen auf und ruft die Siegergruppe aus (falls es eine Siegergruppe gibt). Haben mehrere Gruppen dieselbe Punktzahl (über 100) erreicht, gibt es mehrere Siegergruppen.

Variationen:

1. Statt Punkte können bei der Bewertung der richtig beantworteten Fragen Geldbeträge ausgezahlt werden.

2. Allen Gruppen kann ein Beobachter zugeteilt werden.

3. Die „Partnergruppen" können in je einem Raum untergebracht werden, d.h. für die Aktivität werden zwei große Räume benötigt.

4. Die Prüfung kann sich auf mehr, weniger oder andere Sachgebiete als die genannten erstrecken.

(Eingeschickt von P.R. Scholtes)
(Vol. V, Nr. 164)

NOTIZEN ZU „PRÜFUNG — Wettbewerb zwischen Gruppen":

PRÜFUNG — Anweisungen

Grundregeln:

I.   Wenn eine Gruppe einer anderen eine Frage stellt und wenn eine Frage beantwortet wird, müssen die ausgehändigten Frage- und Antwortzettel benutzt werden.

II.   Nachdem die Antworten auf die dritte, die sechste und die neunte Frage abgeliefert worden sind, können die zwei konkurrierenden Gruppen (Partnergruppen) je einen Repräsentanten wählen, und diese können eine 3 Minuten lange Besprechung abhalten. Sie können diskutieren, was sie wollen. Die Gruppen, die an einer derartigen Besprechung zwischen Repräsentanten interessiert sind, müssen dies an den hierfür vorgesehenen Stellen auf den Antwortzetteln für die dritte, die sechste und die neunte Frage zum Ausdruck bringen.

III.   Außer den Besprechungen zwischen Repräsentanten und dem Austausch von Frage- und Antwortzetteln (siehe Punkt 1 und 2) dürfen sich die Gruppen keinesfalls miteinander verständigen.

IV.   Es ist auch nicht erlaubt, sich mit irgendeiner der anderen Gruppen zu verständigen, die an der Aktivität teilnimmt.

V.   Alle Gruppen wechseln gleichzeitig (auf ein Signal des Anleiters) die Frage- bzw. Antwortzettel aus.

VI.   Jegliche Streitfrage hinsichtlich der Formulierung einer Frage und der Richtigkeit einer Beantwortung wird von der Gruppe entschieden, die die Frage gestellt hat, und diese Entscheidung ist unwiderruflich. Die Gruppen sollten jedoch danach streben, Fragen zu stellen, die fair, klar, konkret und eindeutig formuliert sind.

VII.   Jede Frage kann in mehrere Teilfragen unterteilt sein, und die Antworten auf diese Teilfragen werden dann separat mit Punkten bewertet (z.B. kann die sechste Frage, deren Beantwortung insgesamt mit 25 Punkten bewertet wird, aus drei Teilfragen bestehen, die mit 5, 10 bzw. 10 Punkten bewertet werden). Über die Punktverteilung auf die Teilfragen einer Frage braucht die fragende Gruppe keine Auskunft zu geben.

Punktberechnung:

			Unsere Punkte		Ihre Punkte	
Runde	Gebiet	Punkte	Diese Runde	Insgesamt	Diese Runde	Insgesamt
1	Sport	10				
2	Deutsche Geschichte	10				
NB 3	Wissenschaft	15				
4	Deutsche Politik	15				
5	Film	15				
NB 6	Weltgeschichte	25				
7	Inserate	15				
8	Europäische Geographie	25				
NB 9	Unterhaltungsmusik	20				
10	Chance (freies Thema)	50				

NB! Nach der dritten, der sechsten und der neunten Runde kann sich ein Repräsentant Ihrer Gruppe mit einem Repräsentanten der konkurrierenden Gruppe treffen, und die beiden Repräsentanten können dann im Laufe von 3 Minuten diskutieren, was sie wollen.

PRÜFUNG — Fragezettel

1. Frage der Gruppe .... an Gruppe ....

> Sie bekommen Bescheid, ob Ihre Antwort richtig war, wenn Sie die zweite Frage erhalten.

2. Frage der Gruppe .... an Gruppe ....

> Ihre erste Antwort war   richtig
> falsch

3. Frage der Gruppe .... an Gruppe ....

> Ihre zweite Antwort war   richtig
> falsch

4. Frage der Gruppe .... an Gruppe ....

> Ihre dritte Antwort war   richtig
> falsch

5. Frage der Gruppe .... an Gruppe ....

> Ihre vierte Antwort war   richtig
> falsch

6. Frage der Gruppe .... an Gruppe ....

> Ihre fünfte Antwort war   richtig
> falsch

7. Frage der Gruppe .... an Gruppe ....

> Ihre sechste Antwort war   richtig
> falsch

8. Frage der Gruppe .... an Gruppe ....

Ihre siebente Antwort war richtig
falsch

9. Frage der Gruppe .... an Gruppe ....

Ihre achte Antwort war richtig
falsch

10. Frage der Gruppe .... an Gruppe ....

Ihre neunte Antwort war richtig
falsch

11. Von Gruppe .... an Gruppe ....

(KEINE FRAGE)

Ihre zehnte Antwort war richtig
falsch

PRÜFUNG — Antwortzettel

1. Antwort der Gruppe .... an ....

2. Antwort der Gruppe .... an ....

3. Antwort der Gruppe .... an ....

    Repräsentantenkonferenz   erwünscht
                                              nicht erwünscht

4. Antwort der Gruppe .... an ....

5. Antwort der Gruppe .... an ....

6. Antwort der Gruppe .... an ....

    Repräsentantenkonferenz   erwünscht
                                              nicht erwünscht

7. Antwort der Gruppe .... an ....

8. Antwort der Gruppe .... an ....

9. Antwort der Gruppe .... an ....

    Repräsentantenkonferenz   erwünscht
                                              nicht erwünscht

10. Antwort der Gruppe .... an ....

242. SITZUNG ZU ZWEIT (Fortsetzung)

Zweck:

I.   Das Intensivieren einer bereits bestehenden Bekanntschaft.

II.   Die Untersuchung der verschiedenen Aspekte einer Bekanntschaft durch gegenseitige Aufgeschlossenheit.

Größe der Gruppe:

Unbegrenzte Anzahl von Paaren, die daran interessiert sind, ihre Bekanntschaft zu vertiefen.

Zeit:

Wenigstens 2 Stunden (gegebenenfalls mit einigen Pausen).

Hilfsmittel:

1 Exemplar des Heftes „Sitzung zu zweit (Fortsetzung)" für jeden Teilnehmer. Die Hefte müssen im voraus hergestellt werden, und zwar empfiehlt sich die Anwendung des Formats DIN A6. Der Teilnehmer, der das Heftchen benutzt, soll jeweils nur einen Punkt sehen (Text auf jeder zweiten Seite). Der Text zu den einzelnen Punkten ist auf den nachfolgenden Seiten enthalten, und zwar ist er so geschrieben, daß die Seiten abgelichtet, zerschnitten und die zu den einzelnen Punkten gehörenden Texte dann jeweils auf die entsprechende Seite im Heftchen aufgeklebt werden können.

Arrangement:

Jedes Paar muß so sitzen können, daß es sich ungestört unterhalten kann.

Verfahren:

I.   Der Anleiter informiert darüber, wie Bekanntschaften gemacht und durch ständige gegenseitige Aufgeschlossenheit und gegenseitiges Feedback gepflegt werden können.

II.   Die Teilnehmer bilden dadurch Paare, daß sich jeder einen Partner sucht, mit dem er bereits durch früheren persönlichen Kontakt bekannt ist.

III.   Der Anleiter händigt jedem Teilnehmer ein Exemplar des Heft-
chens „Sitzung zu zweit (Fortsetzung)" aus und teilt mit, wieviel
Zeit den Paaren für ihre Unterhaltung zur Verfügung steht.

IV.   Die Aktivität wird dadurch abgeschlossen, daß der Anleiter alle
Teilnehmer ins Plenum bittet und sie auffordert zu berichten,
was sie durch das Gespräch mit ihrem Partner über sich selbst
gelernt haben. (Es sei darauf aufmerksam gemacht, daß der eigentliche Inhalt der jeweiligen Unterhaltungen vertraulich ist.)

Variationen:
1.   Statt mit Paaren kann mit Gruppen gearbeitet werden, die jeweils
aus drei, vier oder fünf Mitgliedern bestehen. In diesem Fall muß
jedoch mehr Zeit zur Verfügung gestellt werden.

2.   Bei längeren Kursen kann die Aktivität „Sitzung zu zweit (Fort-
setzung)" in Verbindung mit der Nummer 38 „Sitzung zu zweit",
Band I, Seite 116, oder mit der Nummer 196 „Dialog", Band III,
Seite 98, angewendet werden.

3.   Ausgewählte Themen können auf Flip-over-Bögen aufgeschrieben werden, und die Teilnehmer können Untergruppen bilden,
die sich jeweils über eines dieser Themen unterhalten.

(Eingeschickt von C.A. Kelley und J.S. Colladay)
(Vol. V, Nr. 169)

NOTIZEN ZU „SITZUNG ZU ZWEIT — Fortsetzung":

SITZUNG ZU ZWEIT — Fortsetzung

(aus Pfeiffer und Jones „Structured Experiences for Human Relations Training", Volume V, Copyright 1978 TEAMCOS FORLAG A/S, Kopenhagen, Dänemark)

2. Lesen Sie die ersten sieben Punkte durch, ohne mit Ihrem Partner zu sprechen.
   Blättern Sie vorerst noch nicht weiter.
   Das Heft enthält eine Reihe unvollendeter Sätze, die Ihnen helfen können, Ihre Beziehungen zu einer anderen Person zu untersuchen und neue Kontaktformen zu erproben.

3. Ihr Gespräch ist vertraulich. Sie brauchen keinem anderen darüber Auskunft zu geben, worüber Sie sich mit Ihrem Partner unterhalten haben.
   Voraussetzung für den Inhalt des Heftes ist die Vermutung, daß Bekanntschaften ständig erneuert und weiterentwickelt werden müssen. Die einzelnen Punkte im Heft sind so angelegt, daß Sie entspannt und gefahrlos sich selbst, Ihren Partner und Ihre gegenseitige Beziehung besser kennenlernen können.

4. Um eine Bekanntschaft zu machen und sie dann zu pflegen, muß man sich miteinander verständigen und einander verstehen können. Von Zeit zu Zeit sollen „Verständniskontrollen" durchgeführt werden. Eine „Verständniskontrolle" bedeutet, daß Sie mit Ihren eigenen Worten den Inhalt der gerade gehörten Äußerung Ihres Partners wiedergeben, damit Sie beide kontrollieren können, ob Sie die Mitteilung korrekt verstanden haben.

5. Das Heft räumt Ihnen auch die Möglichkeit ein, sich ohne Worte auszudrücken oder Gefühle zum Ausdruck zu bringen.
   Es ist wichtig, daß Sie
   a) sich direkt ausdrücken.
   b) die Antwort Ihres Partners akzeptieren.
   c) Themen überspringen, falls Sie keine Lust dazu verspüren, diese zu besprechen.
   d) in erster Linie Informationen austauschen und nicht versuchen, Probleme zu lösen.
   e) gewillt sind, ein Risiko auf sich zu nehmen.

6. Wie gesagt, ist es wichtig, daß Sie im Heft noch nicht weiterblättern, um sich einen Überblick zu schaffen, weil spontan gegebene Antworten Ihnen am besten helfen. Außerdem würde das Weiterblättern Sie so ablenken, daß Sie Ihrem Partner nicht mehr aufmerksam zuhören können, weil Sie automatisch bereits darüber nachdenken würden, was Sie auf kommende Fragen antworten sollen.

7. Arbeitsweise:
Sie sollen beide dieselben Sätze vollenden (es ist jedoch, wie bereits erwähnt, jedem erlaubt, Sätze zu überspringen). Einer von Ihnen beginnt damit, daß er die Sätze mit ungeraden Nummern vollendet, während der andere zuerst die Sätze mit den geraden Nummern vollendet.
Schauen Sie auf! Falls Ihr Partner jetzt auch das Heft so weit durchgelesen hat, können Sie auf die nächste Seite umblättern und beginnen. Blättern Sie bitte niemals weiter auf die folgende Seite um, bevor jede Frage Ihrer Ansicht nach gründlich genug debattiert worden ist.

8. Wir trafen uns zum ersten Mal, als ...

9. Wir haben uns gekannt seit ...
(Sie brauchen sich ja nicht unbedingt *gekannt* zu haben, seit Sie sich zum ersten Mal begegneten.)

10. Unsere Art von Bekanntschaft ließe sich folgendermaßen beschreiben ...

11. Falls unsere Bekanntschaft mit einem einzigen Wort beschrieben werden sollte, würde ich sagen: ...

12. Einer von den Punkten, in denen wir einander gleichen, ist ...

13. Einer von den Punkten, in denen wir uns unterscheiden, ist ...

14. Falls unsere Bekanntschaft durch einen Film wiedergegeben werden sollte, müßte dieser folgenden Titel haben: ...

15. Ein kritischer Zeitpunkt in unserer Bekanntschaft war, als ...

16. Ein Ort, den ich Ihnen gerne zeigen möchte, ist ...

17. Von Ihren Freunden habe ich folgende Auffassung ...

18. Wenn ich unbekannten Personen begegne, dann ...

19. Wenn ich mit Ihnen zusammen bin, dann ...

20. Die lustigste Sache, die wir zusammen erlebt haben, war ...

21. Sie haben mir am besten geholfen, als ...

22. Sie haben wir am wenigsten geholfen, als ...

23. Gerade jetzt fühle ich mich ...

24. Ein Lied, das mich an Sie erinnert, heißt ...

25. Die Zeit, in der ich allein bin, ist ...
    (**Verständniskontrolle:** ,,Haben Sie gesagt, daß ...? '')

26. Einer Ihrer größten Pluspunkte ist ...

27. Ich freue mich, wenn Sie ...

28. Durch Sie habe ich über mich selbst gelernt ...

29. Eines der Gefühle, die ich nur sehr unvollkommen ausdrücken kann, ist ...

30. Gerade jetzt setze ich mich mit heiklen Gefühlen auseinander, so daß ...
    (**Verständniskontrolle:** ,,Ich habe Sie sagen hören, daß ...'')

31. Ich weiß nicht, was ich tun soll, wenn ...

32. Ich werde mißtrauisch, wenn Sie ...

33. Ich nehme an, Sie wissen, daß ...

34. Wenn ich die Gabe hätte, Sie zu ändern, würde ich niemals ... ändern.

35. Sie sind am hilfsreichsten, wenn Sie ...
    (Bringen Sie ohne Worte zum Ausdruck, wie Sie sich in diesem Augenblick fühlen.)

36. Ich bekomme Angst, ...

37. Ich schätze es sehr, wenn Sie ...

38. Sie langweilen mich, wenn Sie ...

39. Wenn ich irgendetwas bereue, dann ist es ...

40. Diejenige meiner Angewohnheiten, die mich am meisten bekümmert, ist ...

41. Ihre größte Stärke ist ...

42. Ich mag Sie nicht, wenn ...

43. Mir gefällt es gar nicht, daß wir so selten über ... sprechen.

44. Es freut mich, wenn wir ...

45. Wenn ich genug Geld hätte, würde ich ...

46. Ab und zu glaube ich, daß Sie ...

47. Wenn ich eine theoretische Diskussion durchführen soll, ...

48. Sie sprechen so viel über ...

49. Wenn ich nicht gewillt bin, eine Ihrer Fragen zu beantworten, ...

50. Wenn es mir schwerfällt, Ihnen etwas zu erklären, ...

51. Diese Erfahrung ...
(Nach diesem Punkt ist eventuell eine Pause angebracht.)

52. Was uns dabei hilft, einander näherzukommen, ist ...

53. Eines der Dinge, das ich am liebsten mit Ihnen zusammen unternehmen möchte, ist ...

54. Ich stelle fest, daß ich vermeide, Ihnen etwas über ... zu berichten.

55. Was ich sonst möglichst nicht diskutieren möchte, ist ...

56. Was mich immer gewundert hat, ist ...

57. Ich finde, Sie meiden mich, wenn ...

58. Ein Gebiet, auf dem ich Sie gerne besser verstehen möchte, ist ...

59. Ich fühle, daß Sie mir überlegen sind, wenn ...

60. Ich werde angriffslustig, wenn ...
    (Versuchen Sie, Ihren Partner zum Lachen zu bringen, ohne zu sprechen.)

61. Ich brauche Sie am nötigsten, wenn ...

62. Um mich dagegen zu schützen, verletzt zu werden, ...

63. Ich fühle mich verletzt, wenn ...

64. Ich werde verwirrt und mutlos, wenn ...

65. Ich finde, daß Sie unfair sind, wenn Sie ...

66. Wenn Sie böse werden, werde ich ..., weil ...
    (**Verständniskontrolle:** „Ich habe Sie sagen hören, daß ...")

67. Was uns am meisten verbindet, ist ...

68. Diejenige Ihrer Gewohnheiten, die mich am meisten bekümmert, ist ...

69. Ich verteidige mich am eifrigsten, wenn Sie ...

70. Ich werde böse auf Sie, wenn ...

71. Wenn unsere Meinungen auseinandergehen, ...

72. Wenn ich mich als Verlierer fühle, ...

73. Gerade jetzt fühle ich ...
    (Versuchen Sie hier auszudrücken, was Sie wirklich *fühlen,* nicht was Sie glauben, denken, finden oder meinen.)

74. Ich finde nicht, daß Sie mir eine Chance geben, ...

75. Im Augenblick glaube ich, daß es wichtig für uns ist, daß wir ...
(**Verständniskontrolle:** „Ich meine zu verstehen, daß ...")

76. Ihnen gegenüber aufgeschlossen zu sein, finde ich ...

77. Worüber ich mich schon immer eingehender unterhalten wollte, ist ...

78. Ich möchte wirklich, daß Sie es mich wissen lassen, wenn ich ...

79. Ich finde, es wäre ganz lustig, wenn ...

80. Wenn ich versuchen wollte, Sie zum Lachen zu bringen, würde ich ...

81. Ich bin der Meinung, daß unsere Bekanntschaft ...
(Versuchen Sie hier ohne Worte auszudrücken, wie Sie sich in diesem Augenblick fühlen.)

82. Der Teil meiner Person, den ich am meisten schätze, ist ...

83. Der Teil meiner Person, den ich am wenigsten schätze, ist ...

84. Der Teil Ihrer Person, den ich am höchsten schätze, ist ...

85. Wenn ich den Abstand, der zwischen uns besteht, vergleiche mit dem Abstand, der meiner Meinung nach eigentlich zwischen uns bestehen sollte, ...

86. Im Augenblick fühle ich .
(Versuchen Sie auszudrücken, was Sie *fühlen,* nicht was Sie glauben, denken, finden oder meinen.)

87. Meine Ansicht über voreheliche oder außereheliche sexuelle Beziehungen ist ...

88. Ich werde eifersüchtig, wenn ...

89. Ich fühle mich am stärksten zu Ihnen hingezogen, wenn ...
(**Verständniskontrolle:** „Ich habe Sie sagen hören, daß ...")

90. Wenn ich zurückblicke, dann ist das, was mir an unserer Bekanntschaft am meisten Kummer gemacht hat, ...

91. Was ich an unserer Bekanntschaft am meisten schätze, ist ...

92. Für die Zukunft wünsche ich mir, daß unsere Bekanntschaft ... würde.

93. Ich glaube, daß wir unsere Bekanntschaft weiterentwickeln können: ...

94. Am wertvollsten in meinem Leben ist mir ...

95. Ich glaube an und möchte etwas tun für ...

96. In der Zukunft sehe ich uns ...

97. Sie können eventuell dieses Gespräch mit Themen fortsetzen, die Ihrer Ansicht nach wesentlich sind.
Sie können eventuell auch einen Tag festlegen, an dem Sie diese Unterhaltung fortsetzen möchten.
Sie können sich schließlich auch auf einen Tag einigen, an dem Sie dieses Heft wieder benutzen. Fragen, deren offene Beantwortung und Besprechung Ihnen heute schwerfiel, lassen sich dann vielleicht leichter behandeln.
Bekanntschaften müssen ab und zu geprüft werden, wenn sie bestehen oder sich weiterentwickeln sollen.

Der Originaltitel dieses Heftes ist:
DYADIC RENEWAL, a Program for Developing Ongoing Relationships, verfaßt von
Colleen A. Kelley und J. Stephen Colladay
aus dem Buch
Pfeiffer & Jones: „Structured Experiences for Human Relations Training, Volume V, University Associates 1975.

243. TAGESORDNUNG

Zweck:

I.   Einer neugebildeten Arbeitsgruppe dabei zu helfen, sich zu etablieren.

II.   Die Aufstellung und Rangordnung der einzelnen Punkte einer Tagesordnung für die nächste Gruppensitzung.

III. Die Entwicklung eines gemeinschaftlichen Verantwortungsgefühls und Engagements in Probleme, mit der sich eine Arbeitsgruppe auseinanderzusetzen hat.

IV.   Die Entwicklung effektiven Zuhörens.

Größe der Gruppe:

4–18 Mitglieder. (Diese Aktivität wurde als erste in einem „Team-Entwicklungsprogramm" entwickelt. Bei dem Team, das gebildet werden soll, kann es sich um eine Arbeitsgruppe handeln, wie z.B. um einen Ausschuß, eine Projektgruppe, eine Abteilungsgruppe, einen Aufsichtsrat, einen Vorstand usw.)

Zeit:

Ca. 1 Stunde.

Hilfsmittel:

Ein Exemplar der „Anweisung für ein gegenseitiges Interview" für jedes Mitglied.

Arrangement:

Ein Raum, der so groß ist, daß die Mitglieder in Paaren zusammenarbeiten können, ohne sich gegenseitig zu stören. Ferner soll nach Möglichkeit genügend Wandfläche zum Aufhängen von Flip-over-Bögen zur Verfügung stehen.

Verfahren:

I. Der Anleiter orientiert über den Zweck der Aktivität und gibt einen Überblick über den Zeitplan.

II. Die Mitglieder werden aufgefordert, Paare (+ eventuell ein Trio) zu bilden, und zwar soll sich nach Möglichkeit jedes Mitglied ein anderes Mitglied als Partner suchen, mit dem es nicht gerade vorher zusammengearbeitet oder sich unterhalten hat.

III. Sobald die Paare gebildet worden sind, verteilen sie sich so auf den Raum, daß sich jedes Paar unterhalten kann, ohne die anderen zu stören. Der Anleiter teilt mit, daß sich die beiden Partner jedes Paares gegenseitig interviewen sollen. Das Thema das Interviews ist: ,,Welche Probleme sollten Ihrer Ansicht nach bei der nächsten Gruppensitzung behandelt werden? "

Jeder Teilnehmer hat 5 Minuten Zeit, um seinen Partner zu interviewen. Der Interviewer darf keine Notizen machen, muß sich aber dennoch darauf einstellen zu berichten, was sein Partner gesagt hat.

IV. Sobald die Interviews beendet sind, sammelt sich die Gruppe im Kreis. (Der Anleiter selbst stellt sich außerhalb des Kreises.) Dann erstatten die Mitglieder nacheinander der Gruppe (nicht dem Anleiter) Bericht über das, was ihr Partner gesagt hat. Der Anleiter schreibt die erwähnten Probleme auf einen Flip-over-Bogen (mit den vom berichterstattenden Mitglied gewählten Worten). Der Partner des Berichterstatters kommentiert danach die notierte Problemstellung und berichtigt eventuelle Mißverständnisse. In dieser Phase dürfen die übrigen Mitglieder nur dadurch teilnehmen, daß sie Fragen stellen, die dazu beitragen, die genannte Problemstellung zu definieren und zu verdeutlichen.

V. Die Flip-over-Bögen mit den angeführten Problemen werden an die Wand gehängt und die einzelnen Punkte numeriert. Ist ein und dieselbe Problemstellung mehrmals erwähnt worden, erhält sie überall dieselbe Nummer.

VI. Der Anleiter bittet alle Mitglieder, die drei Problemstellungen auszuwählen, deren Diskussion ihrer Ansicht nach am wichtigsten ist. Der Anleiter zählt danach, wieviele Mitglieder die einzelnen Punkte als die wichtigsten bezeichnet haben und notiert dies auf den Flip-over-Bögen.

VII.   Der Anleiter fertigt auf einem Flip-over-Bogen eine Liste über die Problemstellungen an, die die meisten Stimmen bekommen haben.

VIII. Die Mitglieder werden aufgefordert, individuell an Hand dieser Liste die Probleme ihrer Wichtigkeit nach zu ordnen. Hierbei erhält das wichtigste Problem die Nummer 1, das zweitwichtigste die Nummer 2 usw.

IX.   Der Anleiter wertet aus, welche Punkte auf der Liste von wievielen Mitgliedern die Nummer 1, die Nummer 2, die Nummer 3 usw. erhalten haben.

X.   Der Anleiter stellt zur Diskussion, welche Punkte in die Tagesordnung für die nächste Sitzung aufgenommen werden sollen (unter Berücksichtigung der für die Sitzung zur Verfügung stehenden Zeit) und schreibt die endgültige Tagesordnung auf.

XI.   Die Aktivität wird mit einer Diskussion abgeschlossen, bei der sich die Gruppe damit beschäftigt, wie ihre verschiedenen Mitglieder auf die Art und Weise reagierten, in der die Tagesordnung beschlossen wurde.

Variationen:
1.   Falls für die Sitzung genügend Zeit zur Verfügung steht, kann die Zeit für die Interviews verlängert werden.

2.   Statt des Anleiters kann der Leiter der Gruppe die Problemstellungen aufschreiben.

(Eingeschickt von John E. Jones)
(Vol. V, Nr. 166)

NOTIZEN ZU „TAGESORDNUNG":

TAGESORDNUNG — Anweisung für ein gegenseitiges Inverview

Ihnen stehen 5 Minuten zur Verfügung, um Ihren Partner zu interviewen, und anschließend hat Ihr Partner ebenfalls 5 Minuten Zeit, um Sie zu interviewen.

Einigen Sie sich zuerst, wer mit dem Interview beginnen soll.

Der Gegenstand des Interviews ist die Frage: „Welche Problemstellungen sollten wir Ihrer Ansicht nach bei unserer nächsten Gruppensitzung behandeln?"

Ergänzen Sie diese Frage durch weitere Fragen, bis Sie ganz sicher verstanden haben, was Ihr Partner meint. Versuchen Sie nach Möglichkeit auch herauszufinden, weshalb er dieses oder jenes Problem zur Diskussion stellen will.

Machen Sie sich keine Notizen, sondern versuchen Sie das, was Ihr Partner sagt, so gut zu behalten, daß Sie der Gruppe später darüber berichten können.

244. DIE BECHER (Ein Machtverteilungsexperiment)

Zweck:
I. Die Teilnehmer sollen sich der Machtverhältnisse bewußter werden.

II. Die Teilnehmer sollen erfahren, wie es ist, anderen Macht zu überantworten bzw. selbst Macht überantwortet zu bekommen.

III. Die Teilnehmer sollen erfahren, wie es ist, wenn einem jegliche Macht entzogen wird.

Größe der Gruppe:
8—12 Mitglieder.

Zeit:
Ca. 2 Stunden.

Hilfsmittel:
Zwei Becher aus Pappe oder Kunststoff für jeden Teilnehmer.

Arrangement:
Die Teilnehmer setzen sich im Kreis.

Verfahren:
I. Der Anleiter erläutert kurz den Zweck der Aktivität. Er händigt jedem Teilnehmer zwei Becher, etwas Schreibpapier und einen Filzschreiber aus. Jeder Teilnehmer schreibt seinen Namen auf seine Becher und stellt dann die Becher vor sich auf den Fußboden.

II. Der Anleiter bittet die Teilnehmer, sich eine konkrete Situation vorzustellen, in der sie jeweils große Machtbefugnisse in der Gruppe haben. Den Teilnehmern muß genügend Zeit gegeben werden, damit sie sich eine derartige Situation wirklich vorstellen und sich in sie hineinversetzen können. Danach sollen sich die Teilnehmer vorstellen, daß ihre Macht in dieser Situation zu gleich großen Teilen auf die beiden Becher verteilt und in diesen enthalten ist.

III. Der Anleiter fordert die Teilnehmer auf, sich darüber klar zu werden, welche Form von Macht sie besitzen. Dann sollen sie ganz kurz ihre Macht auf zwei Stückchen des Schreibpapiers beschreiben und diese Papierstückchen dann in je einen der Becher legen.

IV. Der Anleiter bittet danach die Teilnehmer, die nächsten 2 Minuten dazu anzuwenden, jeweils zwei andere Teilnehmer auszuwählen, denen sie ihre Macht überantworten möchten. Sie sollen dann die Namen der beiden ausgewählten Teilnehmer auf je ein Stück Papier schreiben und diese Papierstückchen ebenfalls in die Becher legen, aber so, daß die aufgeschriebenen Namen nicht unmittelbar sichtbar sind.

V. Der Anleiter sagt nun, daß die Teilnehmer in Kürze ihre Becher, und damit ihre Macht, weggeben sollen. Bevor dies jedoch geschieht, soll jeder versuchen, im stillen abzuschätzen, wieviele Becher er selbst bekommen wird. Der Anleiter bittet anschliessend die Teilnehmer, jeweils ihre Becher den beiden ausgewählten Teilnehmern zu übergeben und dabei jedem zu sagen, warum sie sich entschlossen haben, gerade ihm ihren Becher zu übergeben.

VI. Der Anleiter bittet die Teilnehmer darum, ihre unmittelbaren Reaktionen niederzuschreiben. Sobald alle damit fertig sind, teilt sich die Gruppe in Paare, deren jeweilige Partner sich über ihre Reaktionen unterhalten.

VII. Danach wird dreimal die Aktivität „Gruppe beobachtet Gruppe" (siehe Band I, Seite 33) durchgeführt.

In der ersten Periode besteht die Gruppe im Innenkreis aus den Teilnehmern, die keine Becher erhielten. In der zweiten Periode besteht die Gruppe im Innenkreis aus den Teilnehmern, die nur einen oder zwei Becher erhielten, und in der dritten Periode besteht die Gruppe im Innenkreis aus den Teilnehmern, die drei oder mehr Becher erhielten. In allen drei Perioden haben die Mitglieder der Gruppe im Innenkreis die Aufgabe, ihre Reaktionen auf die Machtverteilung zu diskutieren.

VIII. Der Anleiter leitet eine Gruppendiskussion über Macht in direktem Bezug auf das, was bisher in der Gruppe geschehen ist.

IX. Nach der Diskussion teilt der Anleiter mit, daß die Teilnehmer, die Becher erhalten haben, die Möglichkeit bekommen werden, ihre neuerworbene Macht zu gebrauchen, und zwar erhalten sie hierzu pro erhaltenem Becher eine Minute Zeit.

X. Der Anleiter gibt diesen Teilnehmern einen Augenblick Zeit, um sich zu überlegen, wie und wozu sie ihre Macht über jede der Personen anwenden wollen, die ihnen die Becher gaben. Die Teilnehmer, die keine Becher bekamen, versuchen vorauszusehen, wie die Teilnehmer, denen sie ihre Macht übergeben haben, diese Macht anwenden werden.

XI. Von der gesamten Gruppe beobachtet, führen die Teilnehmer, die Becher erhalten haben, nacheinander ihre Pläne aus. Die Gruppe gibt jedem dieser Teilnehmer Feedback, bevor der nächste an die Reihe kommt.

XII. Zum Abschluß stellt der Anleiter die gesamte Aktivität und besonders deren Ziel zur Diskussion.

Variationen:
1. Die Aktivität kann durch eine Pause aufgelockert oder gegebenenfalls nach Punkt VIII ganz beendet werden.

2. Anstelle von Macht können andere „Gegenstände" benutzt werden (z.B. Vertrauen, Abhängigkeit usw.).

3. Die Gruppe kann gebeten werden, sich auf eine Definition des Begriffes „Macht" zu einigen, bevor sich jeder Teilnehmer dazu entschließt, wem er seine Becher überreichen will.

4. Statt dem unter den Punkten IX, X und XI beschriebenen Verfahren zu folgen, kann die Gruppe die Machtverteilung ändern, d.h. Teilnehmer, die Becher erhalten haben, können einen oder mehrere dieser Becher an die Teilnehmer abgeben, die vorher keine Becher erhielten. Diese Teilnehmer planen danach einzeln oder kollektiv, wie und wozu sie ihre Macht gebrauchen wollen.

(Eingeschickt von Anthony J. Reilly)
(Vol. V, Nr. 167)

NOTIZEN ZU „DIE BECHER — Ein Machtverteilungsexperiment":

245. EIGENSCHAFTSWÖRTER (Feedback)

Zweck:

I.   Den Teilnehmern soll geholfen werden, sich Klarheit über Wertvorstellungen zu verschaffen, die für zwischenmenschliche Beziehungen von Wichtigkeit sind.

II. Es sollen Normen dafür geschaffen werden, sowohl negatives als auch positives Feedback zu verlangen und anzunehmen.

Größe der Gruppe:
Unbegrenzt.

Zeit:
Ca. 1 Stunde.

Arrangement:
Ein Raum, in dem genügend Platz vorhanden ist, um Flip-over-Bögen mit den Eigenschaftswörtern aufzuhängen.

Verfahren:

I.   Ohne den Zweck der Aktivität anzugeben, teilt der Anleiter mit, daß die Teilnehmer eine zweiphasige Erfahrung durchführen sollen.

II. Er gibt folgende Anweisungen:
Phase 1: Denken Sie an eine Person, zu der Sie das **zufriedenstellendste** Verhältnis haben. Schreiben Sie drei Eigenschaftswörter, die diese Person charakterisieren, auf ein Stück Papier. (2—3 Minuten Pause).

III. *Phase 2:* Denken Sie jetzt an eine Person, zu der Sie ein **besonders unbefriedigendes** Verhältnis haben. (Es muß sich hierbei selbstverständlich um eine andere als die Person handeln, an die Sie vorher dachten.) Schreiben Sie drei Eigenschaftswörter auf, die diese Person charakterisieren. (2—3 Minuten Pause)

IV. Der Anleiter erläutert dann, daß die Eigenschaftswörter ahnen lassen können, welche Wertvorstellungen man selbst hat. Die Eigenschaftswörter sagen mehr über die Person aus, die sie geschrieben hat, als über die Person, die sie beschreiben.

V. An Hand der aufgeschriebenen Eigenschaftswörter werden alle Teilnehmer gebeten, folgenden Satz zu vollenden: „Ich bin eine Person, die auf ... großen Wert legt." (2—3 Minuten Pause)

VI. Jeder Teilnehmer bildet mit dem einen seiner Nachbarn ein Paar. Die Paare diskutieren dann, was die Erfahrung über ihre eigenen Personen angedeutet hat, sprechen aber **keinesfalls** über die Personen, die sie mit den Eigenschaftswörtern charakterisierten. (5 Minuten).

VII. Der Anleiter bittet die Teilnehmer darum, die ersten drei Eigenschaftswörter anzugeben, die sie aufgeschrieben haben. Er schreibt diese Wörter in möglichst alphabetischer Reihenfolge auf einen Flip-over-Bogen. Dann bittet er um die letzten drei Eigenschaftswörter, die er auf einen anderen Flip-over-Bogen schreibt. Schließlich hängt er die beiden Flip-over-Bögen mit den Eigenschaftswörtern nebeneinander so auf, daß sie von allen Teilnehmern gesehen werden können.

VIII. Der Anleiter teilt mit, daß sich der nächste Teil der Aktivität mit Feedback beschäftigen soll. Er bittet alle Teilnehmer, sich jeweils einen anderen Teilnehmer zu suchen, mit dem er sowohl positives als auch negatives Feedback auswechseln kann. Der Anleiter unterstreicht, daß jeweils der eine Partner um sowohl positives als auch negatives Feedback **bitten** soll, bevor er irgendwelche Angaben über seine eigene Person macht. Anschließend ist der andere Partner an der Reihe. (20 Minuten)

IX. Der Anleiter leitet eine Diskussion über die gesamte Aktivität. Die Diskussion kann z.B. umfassen: „förderndes" und „hemmendes" Feedback, Gefühle, die mit dem Geben und Annehmen von sowohl positivem als auch negativem Feedback verbunden sind, usw.

Variationen:

1. Die Anzahl von Eigenschaftswörtern kann variiert werden, z.B. kann man sich beim Arbeiten mit großen Gruppen damit begnügen, jeden Teilnehmer nur um ein oder zwei Eigenschaftswörter

zu bitten.

2. Die Personen, die durch die Eigenschaftswörter beschrieben werden sollen, können z.b. sein: der beste/schlechteste Chef, Kollege, Untergegebene, oder die Eigenschaftswörter können gutes/schlechtes Arbeitsklima, gute/schlechte Zusammenarbeit usw. beschreiben.

3. Nach Punkt VII kann eventuell eine Imbiß- oder Erfrischungspause gehalten werden, damit die Listen mit den Eigenschaftswörtern vervielfältigt und an alle Teilnehmer verteilt werden können.

4. Anstatt (oder außer) zum Arbeiten mit Feedback können die Listen zur Beurteilung oder Vorstellung der eigenen Person benutzt werden.

(Eingeschickt von John E. Jones)
(Vol. V, Nr. 168)

NOTIZEN ZU „EIGENSCHAFTSWÖRTER (Feedback)":

246. DIE AUFFASSUNG ANDERER: FEEDBACK

Zweck:

I.   Dem einzelnen Teilnehmer soll die Möglichkeit gegeben werden, Feedback darüber zu erhalten, wie er von anderen aufgefaßt wird.

II.   Es soll den Teilnehmern dabei geholfen werden zu verstehen, was ihrer eventuellen Neigung, andere Personen gruppieren zu wollen, zugrunde liegt.

Größe der Gruppe:
Höchstens 12 Mitglieder.

Zeit:
Ca. 1 Stunde.

Hilfsmittel:
Ein Exemplar der Arbeitsunterlage „Meine Auffassung von den Mitgliedern der Gruppe" (siehe Seite 112) und ein Exemplar des Auswertungsschemas „Auffassungen von meiner Person" (siehe Seite 113) für jeden Teilnehmer.

Arrangement:
Die Teilnehmer sollen so sitzen können, daß sie schriftlich arbeiten können.

Verfahren:

I.   Der Anleiter vermittelt einen kurzen Überblick über die Aktivität und erläutert ihren Zweck.

II.   Dann händigt er jedem Teilnehmer ein Exemplar der Arbeitsunterlage „Meine Auffassung von den Mitgliedern der Gruppe" aus, liest die Anweisung laut vor und beantwortet eventuelle Fragen. Danach bittet er die Teilnehmer, die Arbeitsunterlage individuell auszufüllen.

III. Der Anleiter gibt jedem Teilnehmer ein Exemplar des Auswertungsschemas und erläutert das Verfahren, nach dem die Teilnehmer dieses Schema ausfüllen sollen.

IV. Das Eintragen der Notizen in das Auswertungsschema erfolgt folgendermaßen: Ein Mitglied der Gruppe, das sich freiwillig gemeldet hat, liest seine Notizen aus der vorher ausgefüllten Arbeitsunterlage langsam laut vor. Die übrigen Teilnehmer notieren jeweils in ihren Exemplaren des Auswertungsschemas die Informationen, die sich auf ihre Person beziehen.

(Im Laufe dieser Phase dürfen nur Rückfragen zum Verständnis gestellt werden. — Kommentare und verbal zum Ausdruck gebrachte Reaktionen sind nicht zulässig.)

V. Alle Teilnehmer lesen nacheinander ihre individuell ausgefüllte Arbeitsunterlage laut vor, so wie es in Punkt IV beschrieben ist.

VI. Nachdem alle Arbeitsunterlagen vorgelesen worden sind, bittet der Anleiter die Teilnehmer, sich ihr jeweiliges Bewertungsschema aufmerksam durchzusehen und festzustellen, nach welchen Kriterien die Mitglieder der Gruppe in Untergruppen aufgeteilt worden sind. Anschließend diskutiert die Gruppe diese Verallgemeinerungen.

VII. Der Anleiter bittet alle Teilnehmer, nacheinander ihre Reaktionen auf das erhaltene Feedback zum Ausdruck zu bringen, und nach jeder dieser Äußerungen diskutiert die Gruppe kurz die soeben beschriebenen Reaktionen.

VIII. Der Anleiter schließt die Aktivität mit einer Gruppendiskussion über den gesamten Verlauf des Geschehnisses ab. Bei dieser Diskussion wird besonderes Gewicht auf verschiedene Punkte gelegt, wie z.B.: Etikettierung, Projektion, Charakteristiken und ihre Prüfung durch eine Diskussion, an der alle teilnehmen.

Variationen:

1. Die Untergruppierungen können auf Flip-over-Bögen aufgeschrieben werden.

2. Es kann untersucht werden, wie oft jedes einzelne Mitglied mit jedem einzelnen anderen Mitglied zusammen ein und derselben

Untergruppe zugeteilt worden ist, z.B. folgendermaßen:

Wie oft in derselben Gruppe mit	Mitglied					
	A	B	C	D	E	F . . . . .
A						
B	—					
C	—	—				
D	—	—	—			
E	—	—	—	—		
F	—	—	—	—	—	
.	—	—	—	—	—	—
.						

3. Die Mitglieder einiger Untergruppen können sich zusammensetzen und untersuchen, was sie ihrer Ansicht nach gemeinsam haben.

4. Der Anleiter kann im voraus die Charakteristiken für die Untergruppierungen angeben.

5. Die Gruppenmitglieder, die nur wenigen oder überhaupt keinen Untergruppen zugeteilt worden sind, können Paare bilden, um ihre Ähnlichkeiten und Unterschiede zu diskutieren. (Die Mitglieder, die den meisten Untergruppen zugeteilt worden sind, können aufgefordert werden, dasselbe zu tun.)

(Das Material, das dieser Aktivität zugrunde liegt, wurde von Robert H. Dolliver eingeschickt.)
(Vol. V, Nr. 170)

NOTIZEN ZU „DIE AUFFASSUNG ANDERER: FEEDBACK":

ARBEITSUNTERLAGE — Meine Auffassung von den Mitgliedern der Gruppe

Anweisung:

Sie sollen die gesamte Gruppe (einschließlich Ihrer eigenen Person) in zwei Untergruppen einteilen. Notieren Sie nachstehend die Charakteristiken, die beschreiben, was die Mitglieder jeder Untergruppe gemeinsam haben.

Die Gruppenmitglieder, die in keine der von Ihnen gebildeten Untergruppen hineinpassen, notieren Sie unter Angabe ihrer besonderen Charakteristiken unter „Übrige Mitglieder".

Untergruppe 1:

Mitglieder:

Gemeinsame Charakteristiken:

Untergruppe 2:

Mitglieder:

Gemeinsame Charakteristiken:

Übrige Mitglieder:

Besondere Charakteristiken:

AUSWERTUNGSSCHEMA — Auffassungen von meiner Person

Anweisung:
Notieren Sie in diesem Schema, welche Auffassung die übrigen Mitglieder der Gruppe von Ihrer Person haben. Schreiben Sie in die erste Spalte den Namen des Feedback-Gebers, in die zweite Spalte die Namen der übrigen Mitglieder der Untergruppe und in die dritte Spalte die Charakteristiken der Untergruppe.

Falls Sie keiner der Untergruppen als Mitglied zugeteilt wurden, notieren Sie in der vierten Spalte die vom Feedback-Geber angegebenen Charakteristiken Ihrer Person.

(1) Feedback-Geber	(2) Mitglieder der Untergruppe	(3) Charakteristiken der Untergruppe	(4) Meine Charakteristiken

247. ROLLENKLÄRUNG

Zweck:

I. Die Klärung der Rollenerwartungen und Rollenauffassungen, die die Mitglieder einer bestehenden (Arbeits-) Gruppe haben.

II. Förderung einer Überprüfung der Rollenverteilung in einer (Arbeits-) Gruppe.

III. Eine (Arbeits-) Gruppe soll es lernen und als normal ansehen, laufend Rollenkorrekturen vorzunehmen.

Größe der Gruppe:
Höchstens 12 Mitglieder.

Zeit:
Wenigstens 3 Stunden.

Arrangement:
Ein Raum, in dem so viel Platz ist, daß Flip-over-Bögen aufgehängt werden können.

Verfahren:

I. Der Anleiter hält eine kurze Vorlesung über die vier Rollen-Betrachtungsweisen (siehe gegebenenfalls G. W. Allport ,,Pattern and Growth in Personality'', Holt, Rinehart and Winston, New York 1961):

A) *Rollenerwartungen* — wofür eine Person nach Ansicht anderer die Verantwortung hat und wie sie diese Aufgaben lösen soll.

B) *Rollenauffassung* — worin nach Auffassung einer Person ihre Aufgabe besteht und wie sie gelernt hat, diese Arbeit auszuführen.

C) *Rollenakzept* — wozu eine Person gewillt ist.

D) *Rollenverhalten* — was eine Person in Wirklichkeit tut.

E) *Rollenvertrag* — eine Abmachung innerhalb der Gruppe über die Rolle eines Mitglieds, die sowohl von der Gruppe als auch vom betreffenden Gruppenmitglied akzeptiert worden ist.

II. Der Anleiter erklärt den Zweck der Aktivität. Er teilt den Teilnehmern mit, daß sie dazu aufgefordert werden, sich verschiedene Notizen zu machen, und daß man von ihnen erwartet, daß sie über ihre Notizen zu sprechen bereit sind.

III. Der Anleiter bittet die Gruppenmitglieder, sich über ihre eigene Arbeit auf Grundlage der vier Rollenkategorien Notizen zu machen. (20 Minuten)

IV. Der Anleiter bittet darum, daß sich ein Mitglied freiwillig meldet, das sich mehr Klarheit über seine Rolle in der Gruppe verschaffen möchte.

A) Die übrigen Gruppenmitglieder notieren sich unabhängig voneinander ihre Rollenerwartungen an den Freiwilligen. (10 Minuten)

B) (Gleichzeitig informiert der Anleiter den Freiwilligen über das Verfahren, das benutzt werden soll.)

V. Der Freiwillige äußert sich darüber, worin seiner Ansicht nach die Erwartungen der anderen Mitglieder an seine Rolle bestehen — und der Anleiter schreibt diese Äußerungen auf einen Flip-over-Bogen. (Kommentare von den übrigen Mitgliedern sind unerwünscht. Es dürfen nur Fragen gestellt werden, falls jemand etwas nicht verstanden haben sollte.)

VI. Der Freiwillige fragt dann die anderen Gruppenmitglieder nach ihren tatsächlichen Rollenerwartungen und schreibt diese auf einen Flip-over-Bogen. (Der Anleiter greift nur ein, um dem Freiwilligen zu helfen, das, was gesagt wird, präzise und unzensuriert aufzuschreiben.)

VII. Der Anleiter leitet eine Diskussion über die eventuellen Unterschiede zwischen den Rollenerwartungen der übrigen Mitglieder und zwischen diesen Rollenerwartungen und den vom Freiwilligen vermuteten Rollenerwartungen (Flip-over-Notiz aus Punkt V).

VIII. Der Freiwillige informiert über seine eigene Rollenauffassung anhand seiner Notizen, während der Anleiter sie auf einen Flip-over-Bogen schreibt. (Auch hier dürfen die übrigen Mitglieder nur Fragen stellen, falls sie etwas nicht verstanden haben.)

IX. (Falls wesentliche Unterschiede zwischen den Rollenerwartungen und der Rollenauffassung bestehen):
Der Anleiter leitet eine „Wiederverhandlung", bei der der Freiwillige über einen neuen Rollenvertrag verhandelt, den sowohl er als auch die Gruppe akzeptieren kann.

X. Punkt IV—IX wird mit anderen Freiwilligen wiederholt, bis alle, die daran interessiert sind, größere Klarheit über ihre eigene Rolle erhalten haben.

XI. Der Anleiter leitet eine abschließende Diskussion über Verfahren, die dazu benutzt werden können, Klarheit über verschiedene Rollen zu erlangen. Hierbei legt er besonderes Gewicht auf das Bedürfnis, derartige Rollenklärungen gegebenenfalls periodisch vorzunehmen.

Variationen:

1. Punkt II kann als eine Art Vorbereitung schon vor der Sitzung durchgeführt werden.

2. Um sich Klarheit über seine Rolle zu verschaffen, kann der Freiwillige eine Untergruppe wählen, die aus den Personen besteht, von denen er am abhängigsten ist.

3. Das Verfahren kann von einem unabhängigen Anleiter dazu benutzt werden, die Rollenverteilung zwischen einem Vorgesetzten und seinen Untergebenen zu klären.

(Eingeschickt von John E. Jones)
(Vol. V, Nr. 171)

NOTIZEN ZU „ROLLENKLÄRUNG":

248. AM-BEURTEILUNG DES EIGENEN FÜHRUNGSSTILS

Zweck:
Die Selbstbeurteilung nach dem Interesse an der Arbeit (A) bzw. am Menschen (M).

Größe der Gruppe:
Unbegrenzt.

Zeit:
Ca. 1 Stunde.

Hilfsmittel:
Ein Exemplar der folgenden Unterlagen für jeden Teilnehmer:

a)   AM-Fragebogen (siehe Seite 121—123)
b)   AM-Auswertungsanweisung (siehe Seite 124)
c)   AM-Ergebnisschema (siehe Seite 125)

Arrangement:
Die Teilnehmer sollen sich so setzen können, daß sie bequem schriftlich arbeiten können.

Verfahren:

I.   Der Anleiter bittet ohne vorherige Besprechung die Teilnehmer, ihr Exemplar des Fragebogens auszufüllen.

II.   Vor der Auswertung der Antworten referiert der Anleiter kurz über autokratische Führung, Laisser faire-Führung und demokratische Führung als Kombination des Interesses an sowohl der Arbeit als auch am Menschen.

III.   Der Anleiter teilt die AM-Auswertungsanweisungen aus und bittet die Teilnehmer, jeweils ihr persönliches Ergebnis zu ermitteln.

IV. Wenn alle Teilnehmer ihr persönliches Ergebnis ermittelt haben, teilt der Anleiter die AM-Ergebnisschemata aus.

V. Der Anleiter leitet eine Diskussion über die vorläufigen Schluß-folgerungen, die die Teilnehmer aus den jeweils ermittelten Ergebnissen ziehen.

Variationen:

1. Die Teilnehmer können schon vor der Auswertung des Fragebogens versuchen, sich an Hand der drei Skalen über ihren Führungsstil zu äußern.

2. Die Teilnehmer können, vorausgesetzt, daß sie einander gut genug kennen, Paare bilden und vor der Auswertung des Fragebogens versuchen, sich jeweils über den Führungsstil ihres Partners zu äußern.

3. Die drei Führungsstile können mit Hilfe von drei Rollenspielen veranschaulicht werden (siehe z.B. Norman R.F. Mair ,,The Role-Play Technique", University Associates 1975).

4. Es können Untergruppen gebildet werden, die jeweils aus Teilnehmern mit ähnlichen Ergebnissen bestehen. Diese Untergruppen können dann die Aufgabe bekommen, ein und dieselbe Arbeitsaufgabe zu lösen (eventuell in Gegenwart eines Beobachters), auf die schließlich eine gründliche Prozeßanalyse folgt.

(Der Am-Fragebogen wurde auf Grundlage eines Fragebogens nach Sergio-vanni, Metzcus und Burden ausgearbeitet — siehe American Educational Research Journal, Nr. 6, 1969, Seite 62—79)
(Vol. I, Nr. 3)

NOTIZEN ZU „AM-BEURTEILUNG DES EIGENEN FÜHRUNGSSTILS":

FÜHRUNGSSTIL — Am-Fragebogen

Name: Gruppe:

Anweisung:
Die folgenden Sätze beschreiben verschiedene Verhaltensformen einer Führungskraft. Beurteilen Sie bei jedem Satz, inwieweit er dem Verhalten entspricht, das Sie wahrscheinlich an den Tag legen würden, wenn Sie der Leiter einer Arbeitsgruppe wären. Kreisen Sie den Buchstaben ein, der am besten wiedergibt, wie oft Sie in der Praxis so handeln würden.

A	Immer
B	Oft
C	Ab und zu
D	Selten
E	Nie

(Immer)   (Nie)

A B C D E 1. Ich wirke als Sprecher der Gruppe.

A B C D E 2. Ich fordere zu Überstunden auf.

A B C D E 3. Ich lasse den Mitgliedern bei der Ausführung ihrer Arbeit freie Hand.

A B C D E 4. Ich muntere die Mitglieder dazu auf, sich gleichartiger Verfahren zu bedienen.

A B C D E 5. Ich gebe den Mitgliedern die Möglichkeit, ihre Probleme selbst zu lösen.

A B C D E 6. Ich unterstreiche, daß wir jederzeit einen Vorsprung vor konkurrierenden Gruppen haben müssen.

A B C D E 7. Ich spreche als Repräsentant der Gruppe.

A B C D E 8. Ich feuere die Mitglieder an, einen größeren Einsatz zu leisten.

A B C D E 9. Ich prüfe die praktische Verwendbarkeit meiner Ideen in der Gruppe.

A B C D E 10. Ich lasse die Mitglieder ihre Arbeit in der Weise ausführen, die sie am besten leiden mögen.

A B C D E 11. Ich arbeite hart, um befördert zu werden.

A B C D E 12. Ich dulde Aufschübe und Unsicherheit.

A B C D E 13. Wenn Besuch kommt, spreche ich im Namen der Gruppe.

A B C D E 14. Ich halte das Arbeitstempo so hoch wie möglich.

A B C D E 15. Ich lasse die Mitglieder auf eine Aufgabe los und mische mich dann nicht weiter ein.

A B C D E 16. Ich bemühe mich, in der Gruppe auftretende Streitfragen zu schlichten.

A B C D E 17. Ich verabscheue Petitessen.

A B C D E 18. Ich repräsentiere die Gruppe außer Hause.

A B C D E 19. Ich lasse die Gruppe nur widerstrebend auf eigene Hand handeln.

A B C D E 20. Ich beschließe, was zu tun ist und wie es getan werden soll.

A B C D E 21. Ich setze die Mitglieder unter Druck, um die Produktivität zu erhöhen.

A B C D E 22. Ich übertrage einen Teil meiner Verantwortung auf einige der Mitglieder.

A B C D E 23. Die Dinge entwickeln sich so, wie ich es vorausgesehen habe.

A B C D E 24. Ich erlaube es der Gruppe, selbst die Initiative zu ergreifen.

A B C D E 25. Ich verteile die Aufgaben auf die Mitglieder der Gruppe.

A B C D E 26. Ich bin dazu bereit, Änderungen einzuführen.

A B C D E 27. Ich bitte die Mitglieder, schneller zu arbeiten.

A B C D E 28. Ich habe Vertrauen zu den Mitgliedern und ihrer eigenen Urteilskraft.

A B C D E 29. Ich plane, wann die Arbeitsaufgaben auszuführen sind.

A B C D E 30. Ich weigere mich, meine Handlungen zu begründen.

A B C D E 31. Ich überzeuge die Mitglieder davon, daß meine Vorschläge ihnen zum Vorteil gereichen.

A B C D E 32. Ich erlaube der Gruppe, ihr Tempo selbst zu bestimmen.

A B C D E 33. Ich fordere die Gruppe dazu auf, ihre eigenen Rekorde zu schlagen.

A B C D E 34. Ich handle, ohne die Gruppe vorher zu fragen.

A B C D E 35. Ich bitte die Gruppe darum, Regeln und Gewohnheiten zu befolgen.

A: .... M: ....

FÜHRUNGSSTIL — AM-Auswertungsanweisung

1. Kreisen Sie die Ordnungszahl vor dem 8., 12., 17., 18., 19., 30., 34. und 35. Satz ein.

2. Schreiben Sie eine ,,1" vor die eingekreiste Ordnungszahl, falls Sie den betreffenden Satz mit ,,D" oder ,,E" beantwortet haben.

3. Schreiben Sie eine ,,1" vor die nicht eingekreisten Ordnungszahlen, falls Sie den betreffenden Satz mit ,,A" oder ,,B" beantwortet haben.

4. Rahmen Sie die Einsen ein, die Sie vor den 3., 5., 8., 10., 15., 18., 19., 22., 24., 26., 28., 30., 32., 34. und 35. Satz geschrieben haben.

5. Ermitteln Sie die Anzahl der eingerahmten Einsen und schreiben Sie diese Anzahl neben das ,,M" auf dem Fragebogen.

6. Ermitteln Sie die Anzahl der Einsen ohne Rahmen und schreiben Sie diese Anzahl neben das ,,A" auf dem Fragebogen.

7. Übertragen Sie diese beiden Zahlen in das Ergebnisschema, das Sie ausgehändigt bekommen, wenn alle Teilnehmer mit der Auswertung fertig sind.

FÜHRUNGSSTIL — AM-Ergebnisschema

Name: Gruppe:

Anweisung:
Ermitteln Sie die Tendenz in Ihrem Führungsstil folgendermaßen:

1. Markieren Sie die ermittelte Zahl für „A" auf der linken Skala (Interesse an der Arbeit).

2. Markieren Sie die ermittelte Zahl für „M" auf der rechten Skala (Interesse am Menschen).

3. Verbinden Sie die beiden Markierungen durch eine Gerade. Markieren Sie den Schnittpunkt der Geraden mit der mittleren Skala.

Die Lagen der Markierungen geben Ihnen einen Überblick darüber, in welchem Umfang Sie sich im täglichen Leben der drei genannten Führungsstile bedienen.

Autokratischer   Demokratischer   Laisser-faire-
Führungsstil   Führungsstil   Führungsstil
(Hohe Produktivität)   (Hohe Produktivität   (Hohe Moral)
                            und Moral)

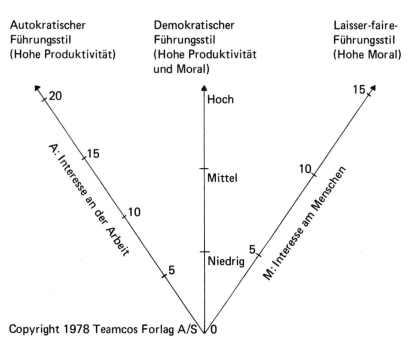

Copyright 1978 Teamcos Forlag A/S

125

249. GRUPPENENTWICKLUNG
Eine graphische Analyse

Zweck:

I.   Die Beurteilung der Entwicklung einer Gruppe nach den Kriterien ,,Arbeitsfunktionen'' und ,,Persönliche Beziehungen der Gruppenmitglieder zueinander''.

II.   Der Vergleich zwischen den Auffassungen, die die Mitglieder der Gruppe zu einem gegebenen Zeitpunkt vom Entwicklungsstand der Gruppe haben.

Größe der Gruppe:
Höchstens 12 Mitglieder.

Zeit:
Ca. 45 Minuten.

Hilfsmittel:
Ein Exemplar des Gruppenentwicklungsdiagramms (siehe Seite 129) für jeden Teilnehmer.
Ein Flip-over-Bogen mit aufgezeichnetem Diagramm.

Arrangement:
Die Teilnehmer müssen zeichnen können, ohne sich gegenseitig zu stören oder zu beeinflussen.

Verfahren:

I.   Der Anleiter hält eine kurze Vorlesung über das Thema Gruppenentwicklung, indem er die Entwicklung vom Stadium des Suchens nach Informationen zum Problemlösungsstadium und vom Abhängigkeitsstadium zum Unabhängigkeitsstadium hervorhebt. Er erklärt, wie sehr das Gruppenklima vom Entwicklungsstadium der Gruppe abhängig ist. Zu dieser Vorlesung erhält jeder Teil-

nehmer ein Exemplar des Gruppenentwicklungsdiagramms als
Arbeitsunterlage.

II.   Der Anleiter fordert die Teilnehmer auf, das Entwicklungssta-
        dium der Gruppe in das Diagramm einzuzeichnen.

III.   Die Beurteilungen der Teilnehmer werden in das Diagramm auf
        dem Flip-over-Bogen eingetragen. Der Anleiter fordert die Teil-
        nehmer auf, Beispiele für konkretes Verhalten in der Gruppe als
        Begründung dafür anzuführen, weshalb sie das Entwicklungssta-
        dium der Gruppe so auffassen, wie sie es im Diagramm angegeben
        haben.

Variationen:
1.   Statt sich der Arbeitsunterlage „Gruppenentwicklungsdiagramm"
        individuell zu bedienen, können die Teilnehmer ihre jeweiligen
        Beurteilungen des Gruppenentwicklungsstadiums mit Filzschrei-
        ber direkt in das Diagramm auf dem Flip-over-Bogen eintragen.

2.   Es können andere Gruppenentwicklungsmodelle Anwendung
        finden, z.B. FIRO (W. Schultz, The Interpersonal Underworld,
        Science & Behavior Books, Palo Alto, Calif. 1966) oder HIM
        (W.F. Hill, The 1973 Annual Handbook for Group Facilitators,
        University Associates und Teamcos Forlag A/S 1973).

3.   Das Verfahren kann eine Diskussion darüber umfassen, welches
        Verhalten die Entwicklung der Gruppe in Richtung des optima-
        len Gruppenentwicklungsstadiums begünstigen könnte.

(Eingeschickt von John E. Jones)
(Vol. II, Nr. 39)

NOTIZEN ZU „GRUPPENENTWICKLUNG":

GRUPPENENTWICKLUNG — Gruppenentwicklungsdiagramm

Anweisung:

Markieren Sie auf der waagerechten und der lotrechten Skala, wie weit die Entwicklung der Gruppe Ihrer Ansicht nach gediehen ist. Zeichnen Sie von den beiden Markierungen ausgehende, mit den Skalen parallele Linien in das Diagramm ein. Der Schnittpunkt dieser Linien veranschaulicht dann Ihre Auffassung vom jetzigen Entwicklungsstand der Gruppe.

250.–254. DISKRIMINIERUNG
Simulation von Problemen

Zweck:
Jede der folgenden Aktivitäten soll den Teilnehmern die Möglichkeit geben, die Konsequenzen der Diskriminierung und des Verhaltens gegenüber Leuten, die „anders" sind, erfahrungsmäßig zu verstehen und zu fühlen.

(Inspirationsquellen bei der Erstellung der Aktivitäten waren die Erfahrungen im Vol. III der amerikanischen Ausgabe (Seite 62) sowie die Debatten über Südafrika, Fremdarbeiter, sexuelle Minoritäten, Rollenklischees usw..)

250. MINORITÄT

Dauer der Aktivität:
Ca. 5–6 Stunden (90 Minuten vor einer Mittagspause, eine Mittagspause von 2–2 1/2 Stunden, 1 Stunde nach der Mittagspause und ca. 1 Stunde für die Prozeßanalyse.)

Teilnehmen kann eine unbegrenzte Anzahl von Gruppen mit jeweils 10– 16 Mitgliedern. Folgende Hilfsmittel sind erforderlich: 2 cm breite, schwarze Stirnbänder für drei Viertel der Teilnehmer.

Die Gruppe wird in zwei Untergruppen von verschiedenen Größen aufgeteilt. Die kleinere Untergruppe soll etwa ein Drittel bis ein Viertel der gesamten Gruppenmitglieder umfassen.

Die Mitglieder der großen Untergruppe erhalten schwarze Stirnbänder, die sie während der gesamten Aktivität und bis etwa 15 Minuten nach Beginn der Prozeßanalyse tragen müssen.

Die Mitglieder der großen Untergruppe sind Farbige, die Mitglieder der kleinen Untergruppe Europäer oder kurz „Weiße". Die Mitglieder jeder dieser Untergruppen versammeln sich in einem Raum für sich, wo sie alle erforderlichen Instruktionen erhalten.

Die Farbigen bekommen zu wissen, daß sie — selbstverständlich innerhalb der Grenzen des Möglichen — das tun sollen, was ihnen von den Weissen gesagt bzw. befohlen wird. Statt zu leiten und zu beeinflussen, sollen die Farbigen lediglich gehorchen und folgen.

Sie dürfen die Weißen nur mir äußerster Höflichkeit und in der dritten Person anreden, z.B.: „Würde es Herrn Klaus ...? ", „Könnte Frau Ingrid ...? " Kurze Antworten müssen den Titel oder eine ähnliche Anredeform des betreffenden Weißen enthalten, z.B.: „Ja, Herr ...!", „Nein, gnädige Frau!" „Selbstverständlich, Herr ...!"

Die Farbigen sollen jederzeit untertänig und gehorsam auftreten. Sie dürfen unter keinen Umständen am selben Tisch sitzen wie die Weißen, und sie dürfen sich nicht hinsetzen, bevor alle Weißen Platz genommen haben.

Die Weißen bekommen zu wissen, daß sie allein das Recht haben, Entscheidungen zu treffen. Um Kommentare, Reaktionen oder Einwände seitens der Farbigen brauchen sie sich überhaupt nicht zu kümmern.

Sie dürfen sich unter keinen Umständen an den selben Tisch setzen wie die Farbigen. Sie sollen die Farbigen zwar freundlich, aber als dumme, ungebildete, unterlegene und unterentwickelte Menschen behandeln und sie häufig als Junge oder Mädchen titulieren, z.B.: „Hör mal her, Junge, ...!"

Die Einrichtung des Sitzungsraumes soll nach Möglichkeit so geändert werden (für die Ausführung der körperlichen Arbeit sind selbstverständlich die Farbigen zuständig), daß die Trennung zwischen den Farbigen und den Weißen ganz deutlich zum Ausdruck gebracht wird. Falls die Möglichkeit besteht, sollen die Weißen sogar bessere und bequemere Stühle erhalten als die Farbigen.

Falls es sich durchführen läßt, empfiehlt es sich außerdem, in der Mittagspause den Weißen besseres Essen zu servieren als den Farbigen. Die Weißen können, falls sie es möchten, in der Pause irgendeine andere Aktivität durchführen. An dieser Aktivität dürfen einzelne Farbige teilnehmen, dürfen aber nur untergeordnete Rollen zugeteilt bekommen, z.B. als Chauffeure und Hausdiener.

Die weiße Gruppe darf sich im übrigen mit den Dingen beschäftigen, die ihrer Ansicht nach wesentlich sind.

Die Mitglieder jeder dieser Untergruppen erhalten 15 Minuten, um die ihnen zugeteilten Rollen miteinander zu besprechen. Anschließend begeben sich alle Teilnehmer in den Sitzungsraum.

Es ist wichtig, daß für die Analyse so viel Zeit zur Verfügung gestellt wird, daß sowohl die Weißen als auch die Farbigen zum Ausdruck bringen können, welche Gedanken und Gefühle während der Erfahrung auf sie einstürmten.

Etwa 15 Minuten nach Beginn der Analyse bricht der Anleiter die Diskussion an einer geeigneten Stelle ab, bittet die Farbigen, die schwarzen Stirnbänder abzunehmen, und alle Teilnehmer darum, die Einrichtung des Sitzungsraumes wieder in ihren ursprünglichen Stand zu bringen. Außerdem bittet er alle, die Trennung in die beiden Untergruppen aufzuheben und sich wieder genauso ungezwungen zu verhalten, wie vor Beginn der Aktivität.
(Es empfiehlt sich sogar, daß der Anleiter diesmal den Teilnehmern beim Zurückstellen der Einrichtungsgegenstände auf ihre ursprünglichen Plätze hilft.)

251. ANDERS SEIN

Dauer:
Ca. 2—3 Stunden plus 30 Minuten Analyse.

Die Gruppen werden in zwei Untergruppen verschiedener Größe aufgeteilt, die beide sowohl männliche als auch weibliche Mitglieder enthalten. Die kleinere Untergruppe soll etwa ein Viertel der Mitglieder der gesamten Gruppe umfassen. In der kleineren Gruppe sollen die weiblichen Mitglieder Krawatten und die männlichen Mitglieder Armbänder und Halsketten tragen. Im übrigen fährt die Gruppe während der gesamten Aktivität mit ihrer normalen Arbeit fort. (Doch kann der Anleiter ihr auch eine besondere Aufgabe zuteilen.)

252. FREMDARBEITER

Dauer:
Ca. 2 1/2 Arbeitstage im Laufe eines normalen Kurses von 8—24 Tagen oder in einer Volksschul- oder Gymnasiumklasse.

Hilfsmittel:
Lose Kragen von ca. 8 cm Breite in zwei verschiedenen Farben, z.B. rot und hellgrün, für die Hälfte der Gruppenmitglieder.

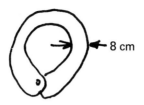

8 cm

Am Morgen des ersten Tages:
Die Gruppe wird in zwei Untergruppen aufgeteilt. In der einen Untergruppe erhält die Hälfte der Mitglieder rote Kragen und die andere Hälfte der Mitglieder hellgrüne Kragen.

Die Mitglieder der Untergruppe ohne Kragen sind Deutsche. Die Mitglieder der Untergruppe mit den roten Kragen sind jugoslawische Fremdarbeiter, die Mitglieder der Untergruppe mit den grünen Kragen sind italienische Fremdarbeiter.

(An Stelle der etwas geringschätzigen Bezeichnung „Fremdarbeiter" wird meistens das etwas höflichere „Gastarbeiter" benutzt. Hier wurde jedoch bewußt die Bezeichnung „Fremdarbeiter" gewählt.)

Die gesamte Gruppe erhält folgende Instruktion: Die Aktivität soll 2 1/2 Arbeitstage dauern. Die Mitglieder, die heute Deutsche sind, sollen morgen Fremdarbeiter spielen und umgekehrt. Anschließend soll ein halber Tag dazu benutzt werden, die Erfahrung zu analysieren.

Die Fremdarbeiter sollen den ganzen Tag wie Fremdarbeiter behandelt werden, d.h. so weit wie möglich isoliert gehalten werden. Man soll sie zwar höflich anhören, aber im übrigen das, was sie sagen, geflissentlich überhören. Man darf sie gerne mißverstehen, ohne ihnen dies jedoch mitzuteilen. Im übrigen sollen sie in jeder Hinsicht diskriminiert werden. Sie dürfen z.B. beim Essen nicht am selben Tisch sitzen wie die Deutschen. Italiener und Jugoslawen dürfen beim Essen auch nicht zusammen am selben Tisch sitzen.

Die Deutschen sollen während des ganzen Tages versuchen, persönlichen Kontakt mit den Italienern und den Jugoslawen zu vermeiden und so weit wie möglich über „ihre Köpfe hinweg" reden.

Am Morgen des zweiten Tages tauschen die Teilnehmer Rollen. Die Erlebnisse des ersten Tages dürfen jedoch nicht besprochen werden. Die Mitglieder, die am Vortage Fremdarbeiter waren, liefern ihre Kragen ab. Die neuen Fremdarbeiter erhalten neue, noch nicht getragene Kragen. Der Anleiter bittet die neuen Gruppen, so weit es ihnen möglich ist, ihr Verhalten nicht durch das bestimmen zu lassen, was sie am Vortage erlebt haben. Dann wiederholt er die Instruktion für die drei Untergruppen.

Am Morgen des dritten Tages leitet der Anleiter eine Plenardiskussion über die Erfahrungen, die die Mitglieder im Laufe der beiden vergangenen Tage gemacht haben.

253. ER UND SIE

Dauer:
Ca. 3/4 eines Arbeitstages (vom Morgen bis zur Mittagspause und anschließend etwa 1—2 Stunden des Nachmittags bis zur Prozeßanalyse).

Die Gruppen sollen nach Möglichkeit so zusammengesetzt sein, daß sie gleich viele weibliche und männliche Mitglieder umfassen.

Der Anleiter instruiert die Gruppe im Plenum. Die männlichen Mitglieder erhalten folgende Anweisungen: Bis zum Ende der Mittagspause spielen Sie die Rolle von Frauen (Mädchen). Spielen Sie diese Rolle so realistisch wie möglich, d.h. versuchen Sie, das Verhalten von Frauen so genau wie möglich nachzuahmen. Versuchen Sie jeweils, sich wie eine bestimmte Frau aufzuführen, die Sie gut kennen. Es ist sehr wichtig, daß Sie versuchen, eine ganz bestimmte Frau zu kopieren — nicht zu karikieren. Halten Sie Ihren Kontakt zur Gruppe und deren „männlichen" und „weiblichen" Mitgliedern in derselben Weise, in der diese Frau es tun würde.

Die weiblichen Mitglieder erhalten folgende Anweisungen: Bis zum Ende der Mittagspause spielen Sie die Rollen von Männern (Jungen). Spielen Sie diese Rolle so realistisch wie möglich, d.h. versuchen Sie, das Verhalten von Männern so genau wie möglich nachzuahmen. Versuchen Sie jeweils, sich wie ein bestimmter Mann aufzuführen, den Sie gut kennen. Es ist sehr wichtig, daß Sie versuchen, einen ganz bestimmten Mann zu kopieren — nicht zu karikieren. Halten Sie Ihren Kontakt zur Gruppe und deren „männlichen" und „weiblichen" Mitgliedern in derselben Weise, in der dieser Mann es tun würde.

Der Anleiter gibt allen Teilnehmern 5 Minuten Zeit, sich gründlich zu überlegen, welche Person des anderen Geschlechts sie kopieren wollen und wie sie diese Aufgabe zu lösen gedenken.

Die Gruppe erledigt daraufhin die Arbeit, die für den Vormittag geplant war.

Nach der Mittagspause leitet der Anleiter eine Diskussion über die Erfahrung.

254. KÖRPERBEHINDERT

Dauer:
Ca. 3/4 eines Arbeitstages (vom Morgen bis nach der Mittagspause und anschließend etwa 45 Minuten oder 1 Stunde nach der Pause bis zur Prozeßanalyse). Die Gruppen sollen nach Möglichkeit ziemlich groß sein, d.h. aus 12 bis 20 Mitgliedern bestehen.

Hilfsmittel:
Zwei Krückstöcke, zwei weiße Blindenstöcke und zwei schwarze Augenbinden, zwei Armbinden für Taube und zwei Sätze schalldämmende Ohrschützer.

Der Anleiter leitet dadurch ein, daß er darum bittet, daß sich 6 Teilnehmer freiwillig zu einem Experiment melden, das veranschaulichen soll, wie wir uns Körperbehinderten gegenüber und wie sich Körperbehinderte uns gegenüber verhalten.

Wenn sich 6 Teilnehmer freiwillig gemeldet haben, so erhalten zwei dieser Teilnehmer Krückstöcke und den Bescheid, sich so zu verhalten, als wenn sie nur noch ein Bein hätten. Die beiden nächsten Teilnehmer erhalten weiße Blindenstöcke und schwarze Augenbinden, d.h. sie sollen die Rolle von Blinden spielen. Die beiden letzten Freiwilligen erhalten schließlich die schalldämmenden Ohrschützer, die sie sich so aufsetzen, daß sie nur noch sehr schwer hören, und die Armbinden, die sie als Schwerhörige kennzeichnen.

Der Anleiter instruiert die 6 Freiwilligen, ihre ihnen zugeteilten Körperbehindertenrollen bis zum Schluß der Mittagspause so realistisch wie überhaupt möglich zu spielen. Ferner instruiert er die übrigen Teilnehmer, die Körperbehinderten so zu behandeln, wie sie es normalerweise tun würden. Er bittet jedoch alle darum, sich vor Augen zu halten, daß die Körperbehinderten nach dem Verlust eines Beins, ihres Augenlichts bzw. ihres Gehörs soeben erst aus dem Krankenhaus entlassen worden sind.

Die Gruppe führt dann die Arbeitsaufgaben aus, die für den Vormittag geplant waren.

Nach der Mittagspause leitet der Anleiter eine Plenardiskussion über die Erfahrung.
(Eingeschickt von Freddy Hansen)

255. GRUPPENDYNAMISCHE PROZESSBEOBACHTUNGSÜBUNGEN

Zweck:

I. Die Teilnehmer sollen lernen, zwischen den beiden Begriffen **Inhalt** und **Prozeß** zu unterscheiden.

II. Die Teilnehmer sollen Gruppenentwicklungsmodelle untersuchen.

Größe der Gruppe:
Wenigstens 17 Mitglieder.

Zeit:
1 Stunde.

Hilfsmittel:
Ein Satz Beobachtungsschemata (ein Beobachtungsschema für jeden der elf Beobachter).

Arrangement:

I. Ein Raum, der so groß ist, daß alle Teilnehmer bequem Platz nehmen können.

II. Ein runder Tisch in der Mitte des Raumes, an den sich die Gruppe, die den Innenkreis bilden soll und in diesem Fall aus sechs Mitgliedern besteht, setzen kann.

III. Stühle (und eventuell Tische) für die elf Beobachter, die im Kreis um den Innenkreis herumgestellt sind. Die Beobachter müssen so sitzen können, daß sie schriftlich arbeiten können.

Verfahren:

I. Der Anleiter hält eine kurze Vorlesung über ein Gruppenentwicklungsmodell mit fünf Phasen:

1. Phase: Die höfliche Phase

2. Phase: Weshalb sind wir hier?

3. Phase: Wer soll hier bestimmen?

4. Phase: Zusammenarbeit, Entwicklung

5. Phase: Einigkeit, gegenseitiges Akzeptieren und Zusammenhalt

(Siehe gegebenenfalls: Pfeiffer & Jones, The 1974 Annual Handbook for Group facilitators, Seite 142: COG's ladder, a Model of Group Development", oder Advanced Management Journal, Vol. 37, Nr. 1, Januar 1972, Seite 30–37, oder Psychological Bulletin, Vol. 63, Nr. 6, 1965, Seite 384–399, oder J. Luft: An Introduction to Group Dynamics, National Press, Palo Alto 1963.)

II.   Der Anleiter bittet dann darum, daß sich 6 Freiwillige melden, die eine normale Arbeitsgruppe bilden sollen. Er unterstreicht, daß die Mitglieder, die sich freiwillig zu melden gedenken, nicht allzu empfindlich auf Kritik reagieren dürfen. Er macht ferner darauf aufmerksam, daß Mitglieder, die darauf aus sind, die Aktivität dadurch zu sabotieren, daß sie anders zu arbeiten gedenken als gewöhnlich, es lieber sein lassen sollen, sich freiwillig zu melden.

(Die 6 Freiwilligen dürfen sich nicht an den runden Tisch setzen, bevor der Anleiter sie später darum bittet.)

III.   Der Anleiter händigt den 11 Beobachtern je ein Beobachtungsschema aus und bittet sie, sich jeweils ihr Schema gründlich durchzulesen. Während sich die Beobachter mit ihrem jeweiligen Schema vertraut machen, fordert der Anleiter die 6 Freiwilligen dazu auf, kurz darüber nachzudenken, „wie sie in der Gruppe zu arbeiten pflegen", damit es ihnen dann leichter fällt, an der kommenden Aufgabe zu arbeiten.

IV.   Der Anleiter fordert die 6 Freiwilligen dazu auf, am runden Tisch Platz zu nehmen. Die 11 Beobachter setzen sich in einem größeren Kreis um den Kreis der Freiwilligen herum.

V.   Der Anleiter teilt der Gruppe im Innenkreis mit, daß er ihr ein

Problem vorlegen wird, welches sie im Laufe von 20 Minuten lösen soll. Er erklärt, daß die Gruppe im Innenkreis die fünf Personen in einer Geschichte, die er vorlesen wird, danach rangordnen soll, wie sympathisch diese Personen auf die Gruppe wirken. (Nachdem die nachstehende Geschichte vorgelesen worden ist, wird diese Anweisung *nicht* mehr wiederholt.)

VI.   Der Anleiter liest folgende Geschichte laut vor:

Das Mädchen und der Schiffszimmermann

Ein Schiff sank in einem Orkan. Nur fünf Personen überlebten die Katastrophe und konnten sich mit Hilfe der zwei Rettungsboote retten, die noch seetüchtig waren. Die Insassen des ersten Bootes waren ein Schiffszimmermann, ein junges Mädchen und ein alter Mann. Die Insassen des zweiten Bootes waren der Bräutigam des jungen Mädchens und sein bester Freund.

Der Sturm trieb die beiden Rettungsboote auseinander. Das erste Boot wurde auf einer kleinen Insel an Land geworfen und dabei zum Wrack geschlagen. Das Mädchen spähte den ganzen Tag vergebens nach dem anderen Boot und seinem Bräutigam.

Am nächsten Tag flaute der Sturm ab, und der Himmel klärte sich auf, aber so sehr es sich auch bemühte, konnte das Mädchen keine Spur vom anderen Boot oder seinem Bräutigam erblicken. Plötzlich sah es jedoch in weiter Ferne eine andere kleine Insel. Es hoffte, daß das Boot mit seinem Bräutigam dort an Land getrieben war, und bat deshalb den Schiffszimmermann, das zerschlagene Boot zu reparieren und zusammen mit ihm dann zur anderen Insel hinüberzurudern. Der Schiffszimmermann versprach, dies zu tun, aber nur unter der Bedingung, daß das Mädchen in der folgenden Nacht mit ihm schlief.

Entsetzt und außer sich lief das Mädchen zu dem alten Mann und bat ihn um Rat. ,,Ich weiß nicht, was hier richtig und was falsch ist'', sagte der alte Mann. ,,Frage dein Herz und folge dessen Stimme!''

Verzweifelt und bange ging das Mädchen schließlich auf die Bedingung des Schiffszimmermanns ein.

Am nächsten Morgen reparierte der Zimmermann das Boot und

ruderte das Mädchen zur anderen Insel hinüber. Das Mädchen sprang an Land und stürzte sich in die Arme seines Bräutigams. Nachdem sich die Wogen der ersten Wiedersehensfreude etwas gelegt hatten, beschloß das Mädchen, seinem Bräutigam von den Geschehnissen der vergangenen Nacht zu berichten. Der Bräutigam wurde rasend vor Zorn, stieß das Mädchen von sich und schrie: „Ich will dich nie mehr sehen!" Weinend ging das Mädchen am Strand entlang.

Der Freund ihres Bräutigams, der die ganze Szene gesehen hatte, ging ihr nach, legte ihr den Arm um die Schulter und sagte: „Ich glaube, ihr habt euch sehr gestritten. Ich möchte gerne versuchen, euren Streit zu schlichten, und bis dahin werde ich mich schon um dich kümmern."

VII.   Nach Ablauf der 20 Minuten hilft der Anleiter den Beobachtern dabei, jeweils einen kurzen Bericht über ihre Beobachtungen abzulegen. Dann fordert er die 6 Freiwilligen im Innenkreis auf, dieses Feedback zu kommentieren.

VIII.   Der Anleiter leitet zuletzt eine Plenardiskussion über Gruppenprozesse unter Bezugnahme auf das 5 Phasen-Modell und auf die eigenen Beobachtungen und Kommentare der Beobachter und der Gruppe.

Variationen:

1.   Es kann eine Gruppenaufgabe gewählt werden, die zu einem speziellen Anlaß oder zu einer speziellen Erfahrung paßt, falls die Aktivität einen Teil eines Organisationsentwicklungsprogrammes darstellt. (Die Zeit für die Gruppenaufgabe kann in diesem Fall in 60 bis 90 Minuten und die Zeitangabe in den Beobachteranweisungen Nr. 6 und Nr. 10 entsprechend geändert werden.)

2.   Falls die Gruppe weniger als 17 Mitglieder hat, können einige der Beobachter mehr als ein Beobachtungsschema erhalten.

3.   Hat die Gruppe mehr als 17 Mitglieder, kann die Anzahl der Freiwilligen im Innenkreis auf 8 bis 9 Teilnehmer erhöht und mehrere Beobachter können (eventuell paarweise) mit demselben Beobachterschema als Grundlage zusammenarbeiten.

4.   Arbeitsunterlagen mit einer Beschreibung des 5 Phasen-Modells können an alle Teilnehmer ausgeliefert werden.

5. Die Beobachter können instruiert werden, der Gruppe im Innenkreis zweimal Feedback zu geben, und zwar das erste Mal mitten
in der Sitzung und das zweite Mal zum Schluß der Sitzung der
Gruppe im Innenkreis.

6. Es können andere Gruppenentwicklungsmodelle und entsprechend modifizierte Beobachteranweisungen Anwendung finden.

(Eingeschickt von George O. Charrier)
(1974 Nr. 126)

**NOTIZEN ZU „GRUPPENDYNAMISCHE PROZESSBEOBACHTUNGS-
ÜBUNGEN":**

Die höfliche Phase

Seien Sie besonders aufmerksam auf diese Phase. Sie kann weniger als eine Minute dauern und stattfinden, während sich Teilnehmer freiwillig in die Gruppe im Innenkreis begeben.

Notieren Sie einige Beispiele für „höfliches" Verhalten.

GRUPPENDYNAMIK — Beobachteranweisung 2

„Weshalb sind wir hier"-Phase

Schenken Sie dieser Phase besondere Aufmerksamkeit. Im Laufe der 20 Minuten dauernden Diskussion kann die Gruppe mehrmals zu dieser Phase zurückkehren. Enthält die Gruppe bestimmte Mitglieder, die häufiger als andere die Gruppe in diese Phase zurückbringen?

Notieren Sie Ihre diesbezüglichen Beobachtungen.

GRUPPENDYNAMIK — Beobachteranweisung 3

„Wer soll hier bestimmen"-Phase
Achten Sie speziell auf diese Phase.

In dieser Phase machen die Mitglieder Bemerkungen und bringen unaufgefordert ihre Meinungen zum Ausdruck, u.a. um zu untersuchen, welchen Einfluß sie auf die Materie haben, mit der sich die Gruppe beschäftigt. Notieren Sie sich die Anzahl der Äußerungen, die im Laufe dieser Phase unaufgefordert gemacht werden.

Notieren Sie sich auch, wieviele Vorschläge oder Ideen der Gruppe vorgelegt werden, ohne daß sie irgendeine Reaktion bei den anderen Mitgliedern hervorrufen.

Anzahl unaufgefordert
gemachter Bemerkungen:

Anzahl unbeant-
worteter Vorschläge:

Andere Kommentare:

GRUPPENDYNAMIK — Beobachteranweisung 4

Die Entwicklungsphase
Seien Sie besonders aufmerksam auf diese Phase, falls sie auftritt.

In dieser Phase sind die Mitglieder aufgeschlossen und hören aufeinander.

Die Mitglieder stellen einander direkte (keine aggressiven) Fragen, um eine größere Anzahl Informationen zu erhalten. Notieren Sie sich die Anzahl derartiger Fragen.

Anzahl der Fragen:

Diese Phase wird auch durch Kommentare wie die folgenden gekennzeichnet:

„Daran habe ich nicht gedacht."
„Ja, da haben Sie recht."
„Das, was Sie da sagen, ist wichtig." usw.

Notieren Sie sich, wie oft ein Mitglied auf Grund der erhaltenen Informationen seinen Standpunkt ändert.

Anzahl der Stand-
punktänderungen:

GRUPPENDYNAMIK — Beobachteranweisung 5

Die gelöste Phase

Seien Sie besonders aufmerksam auf diese Phase, falls sie in der relativ kurzen Zeit auftritt, die zur Verfügung steht. Diese Phase tritt gewöhnlich auf, wenn die Gruppe einige wesentliche Probleme oder eine Aufgabe zufriedenstellend gelöst hat.

Die Phase ist durch Entspannung, Lustigkeit, Zusammengehörigkeitsgefühl und eine warme, freundliche Atmosphäre gekennzeichnet.

Notieren Sie sich das charakteristische Verhalten der einzelnen Mitglieder der Gruppe in dieser Phase:

GRUPPENDYNAMIK — Beobachteranweisung 6

Cliquenwirtschaft

In den ersten 5 Minuten der Diskussion:

Achten Sie in den ersten 5 Minuten darauf, welche beiden Mitglieder sich rührend einig sind und besser miteinander auskommen als irgendein anderes Paar. Notieren Sie sich, wie diese beiden Mitglieder heißen oder wo sie sitzen:

Achten Sie in diesen ersten 5 Minuten auch darauf, welche beiden Mitglieder scheinbar am schlechtesten miteinander auskommen. Notieren Sie sich, wie diese Mitglieder heißen oder wo sie sitzen:

In den letzten 15 Minuten der Diskussion:

Zählen Sie, wie oft sich die beiden Mitglieder, die in den ersten 5 Minuten die stärkste Zusammengehörigkeit zeigten, einig sind oder sich gegenseitig unterstützen (verbal oder nonverbal).

Zählen Sie auch, wie oft die beiden Mitglieder, die in den ersten 5 Minuten am schlechtesten miteinander auskamen, unterschiedlicher Meinung sind oder regelrecht gegeneinanderarbeiten (verbal oder nonverbal).

	einig	uneinig
Die Einigen:	_____	_____
Die Uneinigen:	_____	_____

GRUPPENDYNAMIK — Beobachteranweisung 7

Verborgene Motive

Diese Aufgabe ist wahrscheinlich die schwierigste der den Beobachtern gestellten Aufgaben. Sie sollen zu beurteilen versuchen, weshalb sich die einzelnen Mitglieder freiwillig zur Gruppe im Innenkreis gemeldet haben.

Die Beweggründe der Mitglieder können zahlreich und sehr unterschiedlich sein, z.B. möchten sie mehr über Gruppendynamik lernen, sich selbst besser kennenlernen, Selbstvertrauen entwickeln oder Anerkennung erlangen, usw.

Vergessen Sie hierbei bitte nicht, daß Ihre Beurteilung nur Ihre persönliche Auffassung wiedergibt und nicht unbedingt die tatsächliche Ursache.

Sie erhalten jedoch zu einem späteren Zeitpunkt die Gelegenheit, Ihre Auffassungen mit den Auffassungen anderer zu vergleichen, falls Sie daran interessiert sein sollten.

Bedürfnis nach Anerkennung

Ihre Aufgabe besteht darin, das Bedürfnis der Gruppe (nicht unbedingt das der einzelnen Mitglieder) nach Anerkennung zu beurteilen.

Diese Beurteilung kann u.a. dadurch erfolgen, daß Sie zählen und sich notieren, wie oft sich die Mitglieder der Gruppe auf Standpunkte einigen, die populär sind (d.h. Standpunkte, die nicht kritisiert werden).

Manchmal braucht eine Gruppe die Anerkennung der Zuschauer. Dieses Bedürfnis kann dadurch zum Ausdruck gebracht werden, daß die Gruppe „Theater spielt" oder eine Situation, die die Zuschauer amüsiert oder aktiviert, bewußt in die Länge zieht. Beobachten Sie deshalb auch die Zuschauer und deren Reaktionen und machen Sie sich entsprechende Notizen.

Die „Suchen nach Identität"-Phase

Das Suchen nach einer Identität kommt häufig erst ziemlich spät im Laufe der Entwicklung einer Gruppe, und es ist keinesfalls sicher, daß sich diese Phase überhaupt einstellt.

Tritt die Phase auf, zeigt sie sich z.b. oft durch den Wunsch der Mitglieder, den Namen der Gruppe hervorzuheben, das besondere Ziel der Gruppe zu unterstreichen, ähnlich oder identisch gekleidet zu sein, dasselbe Abzeichen zu tragen, eine spezielle Sprache zu benutzen, zu unterstreichen, wodurch sie sich von anderen Gruppen unterscheiden, usw.

Machen Sie sich entsprechende Notizen, falls Sie ein derartiges Verhalten beobachten können.

GRUPPENDYNAMIK — Beobachteranweisung 10

Die gesprächigen und die wortkargen Mitglieder

In jeder Gruppe gibt es Mitglieder, die gesprächiger sind als andere. Stellen Sie entsprechende Beobachtungen an:

In den ersten 5 Minuten der Diskussion:

Beobachten Sie, wer am meisten und wer am wenigsten spricht. Notieren Sie sich, wie die betreffenden Mitglieder heißen oder wo sie sitzen:

In den letzten 15 Minuten der Diskussion:

Zählen Sie, wie oft diese beiden Mitglieder etwas sagen:

Name des gesprächigsten Mitglieds:

Name des wortkargsten Mitglieds:

_____

_____

Anzahl der Kommentare:

Anzahl der Kommentare:

_____

_____

GRUPPENDYNAMIK — Beobachteranweisung 11

Gruppenstruktur

Die Gruppenstruktur beschreibt die ausgesprochene oder unausgesprochene Hierarchie in der Gruppe (die sich je nach Situation und Aufgabe ändern kann). Wer hat die Führungsrolle, wer fungiert als dessen oder deren Helfer, und wer befindet sich in der Rolle des Untergebenen?

Notieren Sie sich alle Kommentare, die sich auf die augenblickliche Gruppenstruktur beziehen. Achten Sie insbesondere auf „Beweise" für Hochachtung, Unterwerfung, Versuche zu dominieren, Versuche zu diskriminieren usw.

256. AUSWÄHLEN VON FÜHRUNGSKRÄFTEN

Zweck:

I.   Der Vergleich individueller Entscheidungen mit der Entscheidung einer Gruppe.

II.   Die Untersuchung der Faktoren, auf der beim Auswählen von Führungskräften Wert gelegt wird.

III.   Die Prüfung des Einflusses, den Wertvorstellungen auf das Auswählen von Mitarbeitern haben.

Größe der Gruppe:

6—12 Mitglieder. Mehrere Gruppen können gleichzeitig arbeiten.

Zeit:

Ca. 2 Stunden.

Hilfsmittel:

Je ein Exemplar der folgenden drei Arbeitsunterlagen für jeden Teilnehmer: ,,Anforderungen an Führungskräfte'', ,,Anweisungen für den Ausschuß'' und ,,Freiwillige Anwärter auf Führungsaufgaben''.

Arrangement:

Ein Arbeitsraum für jede Gruppe und ein Plenarsaal.

Verfahren:

I.   Der Anleiter händigt jedem Teilnehmer ein Exemplar der Arbeitsunterlage ,,Anforderungen an Führungskräfte'' aus und teilt mit, daß die Teilnehmer 10 Minuten Zeit zum individuellen Ausfüllen dieser Unterlage haben.

II.   Der Anleiter sammelt die ausgefüllten Arbeitsunterlagen ein und erklärt, daß die Teilnehmer nunmehr 5 Führungskräfte für einige konkrete Aufgaben auswählen sollen. Dann werden die Teilnehmer in Gruppen mit je 6 Mitgliedern aufgeteilt.

III.   Der Anleiter teilt mit, daß die Aufgabe in zwei Schritten gelöst werden soll, und zwar zuerst individuell und anschließend als Gruppenentscheidung. Er händigt jedem der Teilnehmer ein Exemplar der Unterlage „Anweisung für den Ausschuß" und ein Exemplar der Unterlage „Freiwillige Anwärter auf Führungsaufgaben" aus und teilt mit, daß den Teilnehmern 10 Minuten Zeit zur Verfügung steht, um die Auswahl individuell zu treffen.

IV.   Der Anleiter bittet danach die Teilnehmer, sich in die Gruppenarbeitsräume zu begeben und dort die Gruppenaufgabe im Laufe von 30 Minuten zu lösen.

V.   Nach Ablauf der angegebenen Zeit begeben sich alle Gruppen ins Plenum und informieren, wen sie gewählt haben, und begründen ihre Wahl.

VI.   Der Anleiter leitet danach eine Diskussion über die stattgefundene Wahl der Führungskräfte, bei der besonderes Gewicht darauf gelegt wird zu ermitteln, welche Entscheidungen allein auf Grundlage genereller Anforderungen an Führungskräfte und welche Entscheidungen allein auf Grundlage von Auskünften über die betreffenden Personen getroffen wurden.

VII.   Der Anleiter teilt wieder die ausgefüllten Exemplare der Unterlage „Anforderungen an Führungskräfte" aus und bittet die Gruppen, gemeinsam eine Rangordnung der Anforderungen vorzunehmen.

VIII.   Die Aktivität wird mit einer Plenardiskussion über prinzipielle Anforderungen an Führungskräfte und über das Auswählen von Führungskräften in der Praxis abgeschlossen.

Variationen:

1.   Es kann ein Versuch unternommen werden, den Einfluß jedes einzelnen Teilnehmers auf die Ergebnisse seiner Gruppe zu messen:

        a) Nach erfolgtem Auswählen der Führungskräfte ermittelt jeder Teilnehmer, wieviele Rangplätze seiner individuellen Entscheidung mit denen der Gruppenentscheidung zusammenfallen.

Eine große Anzahl kann auf einen großen Einfluß hinweisen und umgekehrt.

b) Nachdem die Gruppe die Rangordnung der Anforderungen an Führungskräfte vorgenommen hat, ermittelt jeder Teilnehmer die Unterschiede zwischen seiner individuell vorgenommenen Rangordnung und der von der Gruppe vorgenommenen. (Hat er z.B. in seiner individuellen Rangordnung den Punkt A an 6. Stelle stehen, während die Gruppe diesen Punkt an die 9. Stelle gesetzt hat, ist der Unterschied gleich 3.) Anschließend werden die Unterschiede ohne Berücksichtigung der Vorzeichen addiert. In diesem Fall deutet eine hohe Summe auf einen geringeren Einfluß und eine niedrige Summe auf einen großen Einfluß hin.

2. Anstatt die Exemplare der Arbeitsunterlage mit der individuellen Rangordnung der Anforderungen an Führungskräfte einzusammeln, kann der Anleiter diese Rangordnung in den Gruppen vornehmen lassen, bevor das Auswählen der Führungskräfte erfolgt.

3. Die beiden individuell zu lösenden Aufgaben können übersprungen werden.

4. Es können zwei verschiedene Gruppeneinteilungen benutzt werden, und zwar eine für die Rangordnungsaufgabe und eine zweite für das Auswählen der Führungskräfte.

5. Den Gruppen können eventuell Beobachter zugeteilt werden. Diese Beobachter können die Arbeitsunterlage „Anforderungen an Führungskräfte" als Anleitung zur Beobachtung des Führungsstiles benutzen, der bei der Arbeit der Gruppe Anwendung findet.

(Eingeschickt von Charles Kormansky)
(1974, Nr. 127)

AUSWÄHLEN VON FÜHRUNGSKRÄFTEN –
Anforderungen an Führungskräfte

Name: Gruppe:

Anweisung:

In der Spalte „Meine Auffassung" sollen Sie eine Rangordnung der nachstehenden 12 Anforderungen an Führungskräfte vornehmen. Der Anforderung, die Sie für die wichtigste halten, geben Sie die Nummer 1. Der Anforderung, die Sie für die unwichtigste halten, geben Sie die Nummer 12, usw.

Zu einem späteren Zeitpunkt soll die gesamte Gruppe eine Rangordnung vornehmen, die von allen ihren Mitgliedern akzeptiert werden kann. Diese Rangordnung ist in die Spalte „Auffassung der Gruppe" einzutragen.

Meine Auffassung	Auffassung der Gruppe	Nach meiner/unserer Auffassung sollte eine Führungskraft:
_____	_____	A ... dafür sorgen, daß Besprechungen unbeschwert und wohlorganisiert verlaufen.
_____	_____	B ... freundlich und umgänglich sein.
_____	_____	C ... neue und spannende Ideen haben, d.h. kreativ sein.
_____	_____	D ... ihre Mitarbeiter anhören und sich für sie interessieren können.
_____	_____	E ... ihrer Sache sicher und entschlossen, d.h. kein Zauderer sein.
_____	_____	F ... ihren Mitarbeitern Spielraum für Experimente und Irrtümer lassen.
_____	_____	G ... dafür sorgen, daß alle verstehen, worin die Aufgabe besteht.
_____	_____	H ... die Mitglieder der Gruppe dazu auffordern und ihnen dabei behilflich sein, am Entscheidungsprozeß teilzunehmen.

_____ _____ I ... ihre Mitarbeiter oft loben und nur spar-
                       sam mit kritischen Äußerungen umgehen.

_____ _____ J ... dazu bereit sein, Kompromisse einzuge-
                       hen und zu vermitteln.

_____ _____ K ... dafür sorgen, daß Regeln und Gepflogen-
                       heiten befolgt werden.

_____ _____ L ... niemals Zorn oder Unzufriedenheit mit
                       ihren Mitarbeitern zeigen.

AUSWÄHLEN VON FÜHRUNGSKRÄFTEN –
Anweisung für den Ausschuß

Sie sind Mitglied eines aus sechs Personen bestehenden Ausschusses, der ein Wochenendprogramm vorbereiten soll, das den Zweck hat, für das neue Sport- und Kulturhaus der Stadt Interesse zu schaffen und Geldmittel einzusammeln.

Der Ausschuß hat die Aufgabe, zwischen den 12 Personen, die sich freiwillig zur Verfügung gestellt haben, 5 Vorsitzende für Unterausschüsse auszuwählen.

Die 5 Unterausschüsse sollen folgende Aufgaben lösen:

1. **Der Unterhaltungsausschuß** soll Veranstaltungen arrangieren, die Teilnehmer und Gäste durch Vergnügen und gute Laune zusammenführen sollen.

2. **Der Aktivitätsausschuß** soll für Aktivitäten sorgen, die das Interesse der Bürger werbe
    se der Bürger wecken, sich durch Ausstellungen, Vorführungen, Diskussionen usw. neue Kenntnisse anzueignen. Insbesondere sollen diese Aktivitäten dazu beitragen, den einzelnen Bürger neue Interessen für sich selbst und andere entdecken zu lassen.

3. **Der Informationsausschuß** soll vor, während und nach dem Wochenende durch die Massenmedien die Öffentlichkeit vom gesamten Arrangement unterrichten.

4. **Der Festausschuß** soll ein Festessen mit Getränken veranstalten sowie vor und nach dem Essen für Erfrischungen sorgen. Ferner soll dieser Ausschuß für die Unterbringung und Verpflegung auswärtiger Gäste und engagierter Künstler sorgen.

5. **Der Wirtschaftsausschuß** soll einen Haushaltsplan für das gesamte Arrangement ausarbeiten, die zur Verfügung stehenden Mittel an die anderen Unterausschüsse verteilen, Eintrittskarten verkaufen, Kosten verbuchen und schließlich eine Abrechnung für das gesamte Wochenendprogramm vorlegen.

Der Ausschuß soll die Auswahl der 5 Vorsitzenden für die Unterausschüsse anhand der Beschreibung in der Arbeitsunterlage „Freiwillige Anwärter auf Führungsaufgaben" vornehmen.

Ausschuß: Ausgewählter Vorsitzender
                  Ihre Entscheidung: Entscheidung der Gruppe

Unterhaltung: _____   _____

Aktivität: _____   _____

Information: _____   _____

Fest: _____   _____

Wirtschaft: _____   _____

AUSWÄHLEN VON FÜHRUNGSKRÄFTEN —
Freiwillige Anwärter auf Führungsaufgaben

Kurze Beschreibung jedes einzelnen Anwärters:
Helmut, früher Leutnant bei der Alpenjägern, ist bekannt dafür, ein ausgezeichneter Soldat gewesen zu sein. Obwohl er etwas kalt und unpersönlich wirkt, kann er vorzüglich organisieren und planen. Es war hauptsächlich sein Verdienst, daß sich im Laufe der letzten Blutspendewoche außergewöhnlich viele Spender meldeten.

Simon ist ein bekannter und vielseitiger Sportler, der sich bei den Frauen großer Beliebtheit erfreut. In den letzten Jahren hat er hauptsächlich Basketball gespielt. Er ist ein Perfektionist, und er wird sehr leicht gereizt, wenn er mit anderen zusammenarbeiten soll.

Frank ist politischer Aktivist. Er kämpft unaufhörlich für irgendeine „Sache" oder nimmt an einer Demonstration teil. Daß er sich als Führungskraft eignet, läßt sich kaum bezweifeln. Er hat eine aktive Verbrauchergruppe in der Stadt organisiert.

Ingrid ist eine hübsche, beliebte Frau, die an mehreren Laientheatervorstellungen erfolgreich teilgenommen hat. Außer bei der Ausschmückung des Rudervereinshauses zum Pfingstball hat sie bis jetzt noch nie an einer „aufgabenorientierten" Aktivität teilgenommen.

Franz ist ziemlich geniert und zurückhaltend. Es ist wirklich eine Überraschung, daß er sich überhaupt gemeldet hat. Man sagt, daß er einmal wöchentlich zur Behandlung bei einem Psychiater geht. Für ihn wäre es persönlich von großem Nutzen, die Rolle einer Führungskraft zugeteilt zu bekommen.

Marianne ist ziemlich vorlaut und nicht besonders anziehend. Sie meldet sich oft freiwillig, wenn verschiedene Aufgaben ausgeführt werden sollen, wird aber nur selten gewählt. An den Aufgaben, die sie bisher gelöst hat, hat sie jedoch mit äußerster Sorgfalt und großem Fleiß gearbeitet.

Johanna leistete als Vorsitzende des Wahlausschusses ihrer Partei bei der letzten Wahl einen hervorragenden Einsatz. Ihre politischen Ansichten sind grundverschieden von Franks Auffassungen, und die beiden streiten sich deshalb häufig. Sie hat in letzter Zeit mit einigen Problemen in ihrer Ehe zu kämpfen gehabt, und es wird gemunkelt, daß sie kurz vor der Scheidung steht.

Susanne ist im staatischen Künstlerverein tätig. Sie hatte die letzte städtische Kunstausstellung arrangiert, die zwar gute Anmeldungen bekam, aber nur sehr wenig besucht wurde. Susanne und Ingrid lieben beide denselben Mann und sprechen deshalb nach Möglichkeit nicht miteinander.

Jacob interessiert sich sehr für soziale Arbeit auf mehreren Gebieten und hat schon vielen geholfen. Er ist etwas sensibel und zieht vor, die Dinge in die eigene Hand zu nehmen, statt anderen Arbeit und auch Verantwortung zu überlassen. Infolgedessen hat er zu viel zu tun und kommt deshalb zu Verabredungen fast immer zu spät.

Arndt hat praktisch allein die Freizeitbeschäftigung für die Jugendlichen in der Stadt organisiert. Er ist sehr aufgeschlossen und liebt es, sich im Gesellschaftsleben der Stadt zu tummeln. Es sei jedoch bemerkt, daß er im Laufe der letzten Jahre zweimal in Schlägereien verwickelt war und deshalb verhaftet worden ist.

Margit ist ein frisches und freundliches Mädchen. Sie ist bei den Männern sehr beliebt und geht oft mit ihren Freunden aus. Bei ihren weiblichen Kollegen ist sie jedoch nicht besonders beliebt.

Anna hat viel zu viel zu tun, meldete sich jedoch trotzdem freiwillig, weil sie glaubte, gebraucht zu werden. Sie hat bei früheren Gelegenheiten die Reklamearbeit in Verbindung mit städtischen Feierlichkeiten geleitet und ist wirklich imstande, vorzügliche Arbeit zu leisten, falls alle ihre anderen Aufgaben ihr genügend Zeit dazu lassen.